ベルルスコーニの時代

――崩れゆくイタリア政治

村上信一郎
Shinichiro Murakami

岩波新
1705

はじめに

「市民がどのようにして名声を獲得したのか、そのやり方についても検討しておかなければならない。それには、じつは二つのやり方がある。私的なものと公的なものである。公的なやり方とは、みんなのために大事な意見を述べたり立派な活動をしたりすることによって、市民が名声を得ることをいう。こうした名声については市民に広く道を開けておくだけではなく、大事な意見を述べたり立派な活動をしたりした市民には名誉や満足が与えられるよう報奨を用意しておかなければならない。また、こうしたやり方で得た名声が単純で邪心のないものであるかぎりは、決して危険なものとはならないであろう。しかし、先述したもう一つのやり方で、すなわち私的なやり方で名声を獲得しようとするならば、いちじるしく危険なばかりか極めて有害なものとなる。私的なやり方とは、金を貸す、娘を嫁がせる、役人から庇ってやるといった私的な便宜供与によって、あれこれの私人に恩義を着せることをいう。そんなことがまかりとおるならば、人々は恩義のある人に魂を売って、党派をつくり、その人のためだといって国家を腐敗させようが法律を捻じ曲げさせようが全く意に介さなくなってしまうであろう」(ニッコロ・マキァヴェッリ『ティトゥス・リウィウスの最初の一〇巻にもとづく論考』第三巻、第二八章、八―一二節)

本書はシルヴィオ・ベルルスコーニの伝記ではない。というのも、彼はまだ生きているからだ。すでに年老いたとはいえ、まだ第一線で活躍中の政治家である。それゆえ偉人伝や聖者伝の対象とはなりえない。それでは本書はいったい何を描こうとしているのか。ひとことでいえば私が自分の眼を通して見たイタリアの政治史である。多少とも大仰な表現が許されるならば一九四八年に日本で生まれた私の同時代史としてのイタリア現代史といってもよいだろう。私がイタリア政府招聘給費留学生としてローマ大学政治学部で国家―教会関係史講座を担当するピエトロ・スコッポラ教授の下で学び始めたのは一九七三年のことである。折しも、その翌年の一九七四年五月には離婚法廃止をめぐる国民投票が実施されたが、キリスト教民主主義者でありながらもカトリック教会やキリスト教民主党の主流派が唱える離婚法の廃止には反対するという論陣の先頭に立って闘う教授の姿が今でも眼に浮かぶ。

だが、その頃の私はイタリアの歴史研究を志しており政治にはさしたる興味がなかった。そんな私が真正面からイタリアの政治と取り組む直接のきっかけとなったのは、一九八四年二月当時、戦後一貫してイタリアの政権党の座にあったキリスト教民主党の第一六回党大会を五日間にわたり傍聴したことである。

その二年前の一九八二年に日本では中曽根康弘政権が誕生した。ロッキード裁判で罪を問われていたのに、田中角栄がまだ闇将軍として政権に強い影響力を持っていた。しかし中曽根首相は田中支配を脱して五年にも及ぶ長期政権を築くことに成功する。そればかりか首相のブレーンとなった知識人たちは、自民党政権がもはや金権政治に蝕まれた前近代的な派閥の連合体などではなく、先進民主主義国の中でも稀有な統治能力を備えた長期安定政権だと高く持ち上げた。自民党を「優越政党」と定義することにより、たとえ政権交代がなくても自民党の一党支配(優越政党制)は決して民主主義を逸脱するものではなく、民主主義の枠内に止まる政党制の一類型に他ならないと論証することで、その正当化を図ろうとしていた。こうした自民党の弁証論はエズラ・ヴォーゲルの『ジャパン・アズ・ナンバーワン』(一九七九年)の政治学版といってもよいだろう。これに納得できない私は、「優越政党」のもう一つの典型とされていたキリスト教民主党と比べてみたいと思うようになったのである。

ところがイタリアの政治は私が思いもしない方向に展開していく。あれほど盤石(ばんじゃく)と思われていたキリスト教民主党による一党支配が崩れ始めたのである。この政党の金城湯池とされていた北イタリアの「白い地帯」では一九八二年に創設された、北部の分離独立を求めるロンバルディア同盟(後の北部同盟)があっという間に勢力を拡大していく。キリスト教民主党の内部からも政治改革を求める声が生まれ始めて大きな国民投票運動が展開されるようになり、ミラノ地方検察庁も構造汚職の大規模な摘発に着手する。その一方、シチリアではマフィア捜査の先頭に立っていたファルコーネ判事とボルセッリーノ判事が暗殺される。そればかりか、その頃すでに未曽有の欧州通貨危機に襲われたイタリア通貨リラは大暴落を繰り返し、イタリアは債務不履行にもなりかねない重大な金融危機に陥っていた。

それゆえ、すでに私はこうした日々の動きを追いかけるのに精一杯という状態となっていた。折から日本でも政治改革の動きが加速しており、一九九三年八月に成立した細川護熙政権の下で政治改革四法が成立する。今となれば汗顔の至りとしかいえないが、私も『筑紫哲也ニュース23』「イタリア〈大汚職〉笑えない日本」(TBS、一九九三年四月一九日)や『ETV特集』「政治改革は可能か——イタリア構造汚職を越えて」(NHK、同年九月九日)といったテレビ番組の制作にも携わることになった。

イタリアの友人たちが国民投票運動に関わっていたことから、私はもはや公平無私な観察者というよりも、一喜一憂しながらイタリアの政治改革の成就を願う参与観察者としてイタリアの政治を論じるようになっていた。もとより本書で日本の政治が論じられることは一切ない。だが冒頭で「私の同時代史」と述べたように、本書の言外の主題は日本の政治である。本書で示されたイタリアの政治改革に対する期待と幻滅には、じつは日本の政治に対する失望が暗黙のうちに投影されているかもしれないということをあらかじめ告白しておきたい。

ところが私はイタリアの政治改革を得々として論じていたのに、ベルルスコーニが政界への出馬を宣言した時、この人物がいったい何者であるのかほとんど何も知らなかった。それだけにベルルスコーニが一九九四年三月の総選挙に勝利を収めたと知った時の衝撃は大きかった。

私だけではなくイタリア人の多くもこの人物のことをよく知らなかったのではないかと思う。ましてやベルルスコーニが四期にわたり首相を務め通算九年ものあいだ政権の座に止まることになると予想した者はほとんどいなかったであろう。本書が伝記ではないといいながらも政治家になる以前のベルルスコーニの前歴にこだわった理由もそこにある。

　私は総選挙後の九月八日にイタリアの自由主義を代表する政治哲学者ノルベルト・ボッビオ教授のトリノの私宅を訪ねる機会をえた。すでに八四歳となる教授はこう述懐した。「イタリアの自由主義はこの総選挙で三度目の敗北を喫することになりました。一度目はいうまでもなくファシズムによって、二度目はキリスト教民主党によって、そして三度目はベルルスコーニによってです」。イデオロギーの終焉といい、右翼と左翼の違いはなくなったといいながら、そこに生まれたのはじつはイデオロギーの真空状態だったのではないか。まるでパンドラの箱が開けられたかのように、イデオロギーについてはかえって何でもありの時代となってしまった。そこに噴出してきたのは戦後民主主義体制下ですでに克服されたと思われてきた右翼的で反動的な言説だった。それまで封印されてきた非合理主義的で伝統主義的な反動的言説が時にはポストモダンの言辞を弄(ろう)しながら復権し始めた。ほんとうに「嫌な感じ(アリア・チニカ)」がするね。教授はそういって目を伏せた。

　こうしたシニシズムのなかからベルルスコーニの権力は生まれた。それゆえ本書の目的はベルルスコーニの権力がイタリアの政治文化の中に紡ぎだした「意味の網目」に関する「厚い記述」(クリフォード・ギアーツ)を試みることにある。

＊参考文献については、論点が多岐にわたるために膨大な数となり、紙幅の制約もあるので割愛した。読者のご寛恕を乞いたい。なお必要が生じた場合にはたいへん僭越ではあるがCiNii Articlesで私の個別論文を検索の上、参照して頂けるならば幸いである。また本書での訳文は断り書きのない限りすべて私によるものである。敬称も一切省略した。

目次

第1章
実業界の覇者

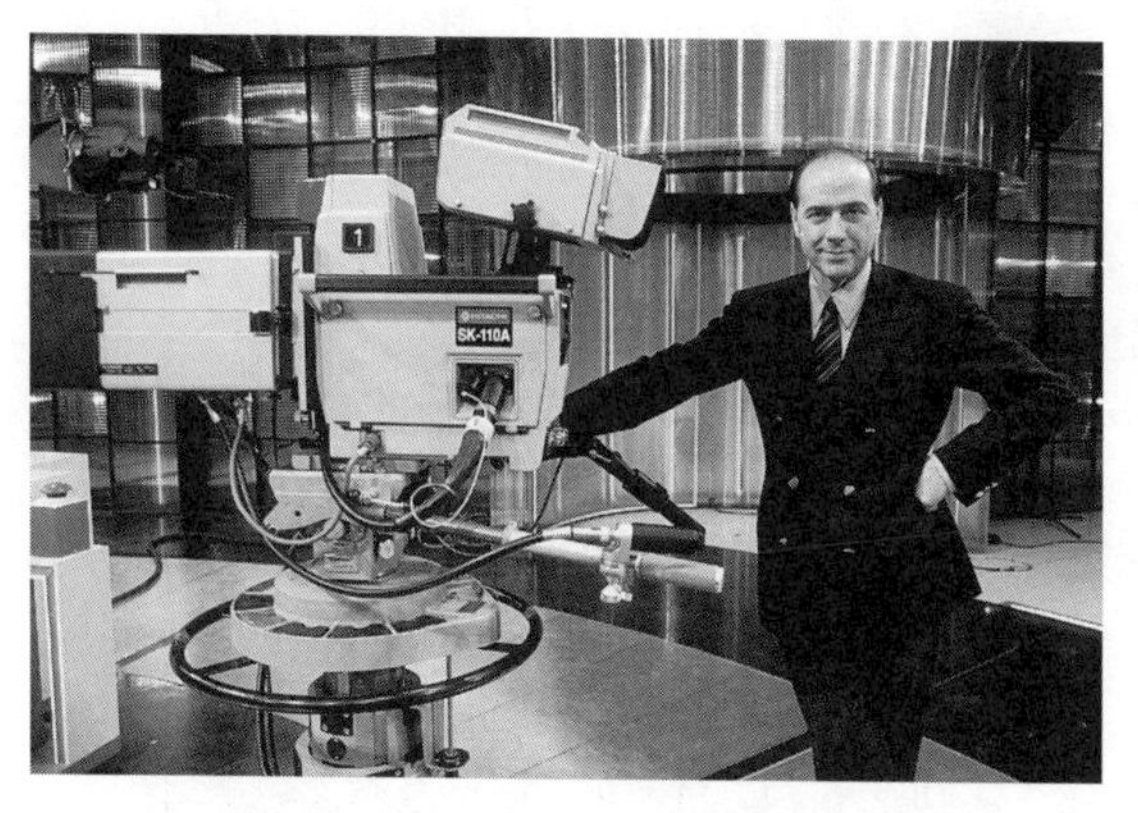

1986年のベルルスコーニ(Getty Images)

1　ミラノ人として生まれて

中心都市ミラノ

シルヴィオ・ベルルスコーニは一九三六年九月二九日にミラノで生まれた。まだファシズム体制下のイタリアである。同じ年の五月九日にはムッソリーニがエチオピアを併合し、帝国の成立を宣言したばかりであった。その四年後の一九四〇年六月一〇日にはヒトラーに追随して英仏に宣戦布告をし、イタリアは破局へと向かっていく。

ところでミラノは周辺地域も含めるならば、今も昔も多くの人口を擁する産業と商業と金融の中心地である。ヨーロッパではもっとも貧しい国の一つとされてきたイタリアにありながら、ヨーロッパ一豊かで贅沢な都市であるといわれてきた。その象徴ともいえるスカラ座は、イタリア統一以前にまだオーストリアのハプスブルク家が支配していたミラノ公国によって一七七八年に創設されたものだが、イタリア歌劇の殿堂として今なお不動の地位を占め続けている。オペラ・シーズンの初日はミラノの守護聖人サンタンブロージオの日である一二月七日と定められてきたが、その日は内外の貴顕紳士淑女が集い豪奢と優美を競う社交界の伝統行事となっている。

ミラノ公国は、ハプスブルク家の啓蒙的専制政治の強い影響下にあったことから、ローマ・

カトリック教会の反動的かつ権威主義的な干渉を免れることができた。一八世紀半ばになると啓蒙主義が花開き、チェーザレ・ベッカリーアが一七六四年に著し罪刑法定主義や死刑廃止を唱えた『犯罪と刑罰』はその金字塔となった。その孫であるアレッサンドロ・マンゾーニは、一七世紀のスペイン支配下のロンバルディアを舞台とする歴史小説『いいなづけ』(初版一八二七年、改訂版一八四〇―四二年)を著したが、まさにイタリアでは知らぬ者はいない国民文学となっている。とくにマンゾーニが理想のイタリア語と考えたトスカーナ方言によって書きなおされた改訂版は、イタリア語で書かれた文学作品の模範となり、また最も発行部数の多い作品としても知られている。

一八六一年に建国されたばかりのイタリア王国で、その二年後に最初の理工科大学校(ポリテクニコ)が創立されたのもミラノだった。イタリアでは最も影響力のあるとされている日刊紙『コッリエレ・デッラ・セーラ』も一八七六年にミラノで創刊されている。

また一八九二年に結党されイタリアで最初の大衆組織政党となる社会党に重要な基盤をもたらしたのはミラノの労働運動であり、二〇世紀初頭には未来派による前衛芸術運動が起こり、その影響を色濃く残しつつ、第一次大戦後の一九一九年三月二三日にベニト・ムッソリーニが「戦士のファッシ」を結成してファシスト運動を開始したのも、ここミラノであった。

このようにミラノは産業や金融のみならず政治や文化、学問や芸術においてもイタリアの最先端をいく中心都市であるということができた。貴族主義や権威主義の残滓を色濃く残しながらも、啓蒙的でブルジョワ的な進取の気風をもつ開放的で洗練された合理主義と実利精神がこの都市の大きな特徴となった。その一方で、それは金銭と権力への飽くなき欲望の達成を手放しで礼賛するばかりか浪費によって誇示するという気風（アメリカの経済学者ソースタイン・ヴェブレンが一八九九年の著作『有閑階級の理論』でいった衒示的消費）ともつながっていた。ベルルスコーニの成功もこうしたミラノの気風と切り離して考えることはできなかった。

シルヴィオが生まれたのは、当時のミラノの北限にあたるイゾラ・ガリバルディという労働者や商売人や勤め人が混在する町はずれで、その先は田園地帯であった。

謎の多い親子関係

父親のルイージは一九〇八年の生まれで当時は二八歳。二〇〇一年総選挙のときに息子のシルヴィオが刊行して全戸に配布した小冊子『ひとつのイタリアの物語』によれば、ミラノ市中のメルカンティ広場にあったラジーニ銀行の行員であったとされている。

ところが、その頃まだラジーニ銀行は存在しなかった。かつては封建領主としてミラノ近郊に領地を所有していたカルロ・ラジーニ伯爵が、シチリア・パレルモの実業家であるジュゼッペ・アッザレットとともに、富裕層向けの資産運用機関としてラジーニ銀行をミラノの一等地に開設したのは、一九五四年になってからのことである。アッザレットはキリスト教民主党の実力者ジューリオ・アンドレオッティのシチリアにおける代理人ともいわれた人物である。父親のルイージが一九五七年に代表権を持つ取締役となったのは確かである。しかしシルヴィオが生まれた一九三六年当時の職業は定かではない。ミラノの北西にある小都市サロンノに生まれた父親の家系についても、修道女となって一九九五年に八八歳で亡くなった姉のシルヴィアーナ(俗名ビーチェ)のほかは、今もって詳らかにはされていない。

それだけではない。一九四三年七月二四日にムッソリーニが失脚してファシズム体制は崩壊した。しかし、ナチ親衛隊によって幽閉地から救出されたムッソリーニは、九月一八日、ミュンヘンから北イタリアのドイツ占領地域にファシスト新国家の建国を宣言した。こうして九月二三日にはイタリア社会共和国(ガルダ湖畔のサロに首都をおいたのでサロ共和国と呼ばれた)が樹立された。そのころベルルスコーニ一家は英米連合国軍の空襲を恐れて、スイスとの国境に近いコモ近郊の丘陵地帯にあるロマッツオに疎開していた。そして、その九月一八日、父親のルイージは徴兵を免れるために(徴兵忌避は銃殺刑を意味していた)家族を残したままスイスに逃亡し、収容所生活を送ることになる。父親が家族のもとに帰ってくるのは、それからおよそ二年後の一九四五年七月七日、シルヴィオが八歳のときのことであった。そうすると帰国してから一九五四年にラジーニ銀行が開設されるまでのおよそ一〇年間、シルヴィオの父親はいったいどのような職業に就いていたのであろうか。

いずれにせよ、父親が不在の間の生活を支えていたのは一九一一年にミラノで生まれた母親のローザ・ボッシ(愛称ロゼッラ)だった。ロゼッラは結婚するまでミラノ屈指の大企業(タイヤ製造業)であるピレッリ社の秘書として働いていた。夫の不在中も乳飲み子(長女マリア・アントニエッタ)がいたのに、疎開先から満員の汽車に乗ってミラノのピレッリ社まで長時間かけて通勤したという。

俗論だが、イタリアの男性が母親に強い愛着の念を抱く傾向があることは、いわゆるマンミズモ(マザー・コンプレックス)という表現があることからも、よく知られている。だがシルヴィオの母親想いには常軌を逸したところがあった。母親の七〇歳の誕生日には、パリに滞在していたにもかかわらず、突如深夜に帰国し、著名な彫刻家のピエトロ・カノニカが一九三六年(すなわちシルヴィオが誕生した年)に制作した聖母子像のレリーフを手渡したという。このようにシルヴィオは母親を聖母マリアになぞらえることすらはばからなかった(そして自らをイエス・キリストのなぞらえることも)。これほどまでの情緒的な一体感が母親とのあいだに培われたのは、幼児期における父親の長期にわたる不在によるものであったのかもしれない。

学生時代

シルヴィオは一九四八年、ミラノ中央駅の近くにあるサレジオ修道会の全寮制中等高等学校リチェオ・サンタンブロージオに入学した。午前七時起床、午後九時就寝、帰宅が許されるのは夏休み、生誕祭、元旦、復活祭のみ。こうした厳格な規律を重んじる名門校だった。シルヴィオは一一歳から一八歳まで七年間、この寄宿学校で学んだ。一番とはいえないまでも成績優秀な生徒だった。ただ修道士でもある教師の唯一の不満は、シルヴィオの心の中に深い信仰心が一向に芽生えないことであった。厳格な宗教教育を受けながらもシルヴィオが熱心な信仰実践者となった形跡は見られなかった。戦後政界の重鎮となるアルド・モーロ（一九一六年生まれ）やアンドレオッティ（一九一九年生まれ）のようにカトリック活動団の青年会に加わることもなければ、キリスト教民主党に入ることもなかった。シルヴィオは信者のふりをして見せるのは上手だったが、骨の髄から非宗教的で世俗的な人間であった。あるいはそれが宗教教育に特有の皮肉な逆説なのかもしれない。

ただそれにはそれなりの理由があった。シルヴィオの家庭には、こうした中流階級のための名門校に子弟を送り込むだけの経済的なゆとりがなかったからである。彼には面白い逸話が残っている。友だちの宿題を肩代わりして、なにがしかの金銭を得ていた。しかも宿題の答えが間違っていたら返金していたというのである。あるいは、どこから仕入れてきたか分からないテープ・レコーダーなどの商品を友だちに売りさばいていたという。おそらくは一九四九年に弟のパオロが生まれて三人の子持ちとなり金銭的にゆとりがなくなった家計を助けたいという一心から生まれた行動であったのだろう。事実、高等学校最終学年である三年次には自宅通学の許可を得ていた。寮費の節約のためである。家計はそれぐらい切迫していた。それにもかかわらず、シルヴィオは教育熱心な両親のおかげと自らの努力によって、たとえ最下層ではあれ中流階級に留まるだけの学歴を獲得することができたのである。

シルヴィオはこの学校で生涯の盟友となるフェデーレ・コンファロニエーリと知り合った。のちにコンファロニエーリはベルルスコーニが所有するテレビ番組制作会社メディアセットの社長となる。シルヴィオより一歳年下で人柄も温厚、家も近くにあり、彼の家族や親戚はパン屋や電器屋を営んでいた。そればかりか四歳からピアノのレッスンを受けていた。そして二人を結びつけたのも音楽であった。

シルヴィオは歌が大好きであった(あわせてベースも弾いた)。十八番(おはこ)はジルベール・ベコー、イヴ・モンタン、ナット・キング・コール、フランク・シナトラ。二人がバンドを組んで演奏活動を始めたのはシルヴィオが一六歳のときの夏休みからである。それなりの稼ぎにもなった。二人がミラノ大学に入学してからもバンドは続いた。ミラノだけではなく、夏になると海水浴場で有名なアドリア海岸のリミニのナイトクラブでも演奏した。

話は前後するが、シルヴィオは一九五六年にミラノ大学(通称は国立大学)法学部に入学した。家計が逼迫(ひっぱく)していたこともあって、学費その他の諸経費についてはすべて自分で工面するという約束であった。電気掃除機の販売をしたり、冠婚葬祭の写真撮影をしたり、ナイトクラブのショーマンなどをして学資を稼いだ。しかし大学三年生になると、とある不動産建設関係の会社に勤務するようになる。したがって大学を卒業する前から、すでにこの業界での徒弟修業を始めていたのである。

シルヴィオは、広告代理店マンゾーニ社が募集した広告に関する卒業論文テーマのコンクール（一九六〇―六一年度）に応募した。そして新聞折り込み広告契約の法律問題をテーマに取り上げるとして一等賞を受賞し、二〇〇万リラの奨学金を獲得した。また寸暇を惜しんで仕上げた卒業論文も最優秀の評価を受けることになった。

こうしてシルヴィオは一九六一年に二五歳で大学を卒業した。ちなみに国立統計局によると、一九六一年における大学卒業者は同世代の一・三％にすぎなかった。高校卒業もわずか四・三％、小学校卒業ですら四二・三％に止まっており、八・五％もの人が識字能力なしと分類されていた。シルヴィオは大学卒業者という当時のイタリア社会ではまだ稀有な社会的上昇のパスポートを獲得した。だが法学士という学位を得たからといって法曹界に入るという意志はつゆほどもなかった。というのも、かろうじて法学士という肩書を手に入れたとはいえ、そうした学歴にふさわしい職業が見つけられるだけの家産や姻戚関係など、彼の家族には何一つなかったからである。すでにシルヴィオの眼はしっかりと実業界、より具体的には不動産建設業界に見据えられていた。また、この卒業論文は、さらにその後になってシルヴィオが向かっていく世界、すなわち放送・広告業界を見事なまでに暗示するものとなった。

2　不動産建設業界の新興成金

不動産ブーム

ベルルスコーニが大学を卒業するころのイタリアは、戦後の焼け野原からの復興期を脱して「経済の奇跡」と呼ばれる高度成長期のまっただなかにあった。この時期(一九五八―六三年)における国内総生産の平均経済成長率は六・三％に達し、工業分野で働く人の割合は一九五一年の三二・一％から六一年には四〇・六％に増えていた。工業分野を牽引したトリノのフィアット社の自動車生産額は一〇年間で一〇倍となり、その売上高は国家歳入の一三・七％に相当した。トリノ、ミラノ、ジェノヴァからなる北部の工業地帯では、フィアット社のような大企業のみならず、中小製造業や商業の分野も急成長を遂げた。それまでのイタリアは過剰労働力のはけ口を大量の海外移民に求めざるを得ない後進的な農業国であった(一九四六―五七年にアルゼンチン、カナダ、アメリカ合衆国、オーストラリアなどに渡った移民は一一〇万人、フランス、スイス、ベルギーなどへの出稼ぎ移民も八四万人に上った)。しかし「経済の奇跡」によってイタリアは、ついに世界でもっとも豊かな先進工業国の仲間入りを果たすことに成功したのである。

「経済の奇跡」はイタリアの社会を根底から変えていった。トリノ、ミラノ、ジェノヴァといった工業地帯では完全雇用に近い状態が実現していた。そのため、おびただしい数の人々が農村を捨てて、これらの大都会に殺到した。一九五五年から七一年までの移動人口は九一四万人に達した（一九五五年の人口は四八四七万人）。いうまでもなくミラノにも大量の移住者がやってきた。そのうちの三〇％は南部からであった。ミラノの人口は一九五一年の一二七万人が一九六七年には一六八万人にまで増大した。モンツァやローといった周辺都市の急激な人口増もともないながら、ミラノを中心とする大都市圏では空前絶後の人口集中が進んでいたのである。

そのためミラノやとくにその周辺都市では、住宅に対する需要が劇的なまでに増大した。まさに不動産ブームであり建設ラッシュである。しかも、まだきちんとした都市計画にもとづいた宅地開発計画もなければ、まともな建築規制も整備されていない時代である。一攫千金を狙う不動産業者や建設業者にとっては、まさに天国のような時代であった（イタリアではそうした弱肉強食の無法状態をしばしば西部劇になぞらえファー・ウェストと呼んだ）。

大学を卒業したばかりのベルルスコーニには、こうした不動産ブームしか眼中になかった。大学在学中から父親が勤めるラジーニ銀行の顧客であったピエトロ・カナーリが経営する小さな建設会社に勤務していた。しかし卒業後ただちに独立する。そしてミラノの北西部の新興住宅地域に土地を見つけ、四棟のアパート建設を計画し、土地購入のためにミラノ合同工務店を設立した。資本金の半分は前述のカナーリ社長が出資し、残額はわずかな自己資金に加えて父親の勤務するラジーニ銀行からの融資でまかなった。建設資金については、アパートの購入予定者を言葉巧みに信用させて、まだ計画中のアパートに対する前納金の支払いを受けることにより捻出した。しかも、その最初の購入予定者は、一緒にバンドを組んでいた親友コンファロニエーリの母親であったという。いずれにせよ、この成功によりベルルスコーニは、友人であれ知人であれ、とりあえずは自分の縁故関係をとことんまで利用すれば、ごくわずかな元手からでも莫大な利益を引きだせるということを、その身をもって初めて学習したといえよう。

その翌年の一九六三年には、さらに野心的な事業に着手した。ミラノ北東部のモンツァ・エ・ブリアンツァ県のブルゲーリオに四〇〇〇人規模の複合住宅団地を建設するという計画である。そのため合資会社エディルノルド社を設立した。ラジーニ銀行やカナーリ社長も出資したが、最大の出資者はスイスのルガーノに本社をおくとされる、ドイツ語の社名を持つ住宅金融会社であった。したがってベルルスコーニが設立したエディルノルド社の帳簿上の所有権はこの会社にあった。しかし誰がスイスの会社の真の所有者なのかについては未だに謎のままである。

ブルゲーリオ複合住宅団地は一九六四年に着工された。だがこの計画にはすでに逆風が吹き始めていた。折から高度成長も失速しつつあり、不動産ブームも下り坂にさしかかっていた。そのあおりで金利まで上昇し始める。さらに悪いことに、ブルゲーリオにはまだ公共交通機関のアクセスがなく陸の孤島となっていたため、販売戸数は一向に伸びなかった。ベルルスコーニは、かつて自分に卒業論文コンクールで一等賞を授与した広告代理店マンゾーニの社長で、ローマに本部がある商店主年金運用財団の理事長でもあったパオロ・ミキエーラを必死で説き伏せた。その結果、この財団から大量購入契約を取り付けることに成功し、また『コッリエレ・デッラ・セーラ』紙に挿入した全紙大の折り込み広告(「ミラノが雨でもブルゲーラではいつも太陽が照っている」)が功を奏したこともあって、一九六九年の夏までには一〇〇〇戸を完売し、何とか利益を出すところにまで漕ぎつけることができたのである。

ミラノ・ドゥエ

だがベルルスコーニは、これに懲りることなく、一九七〇年にはさらに大規模なミラノ・ドゥエ(Milano 2)の開発に着手した。これはミラノの東にあるセグラーテ市の緑豊かな田園地帯に、知的専門職に就いた若くて上昇志向の強い中流階級をターゲットとした一万人規模の複合住宅団地を開発しようとするものであった。すでに一九六八年には地主のレオナルド・ボンツィ伯爵から、周辺地域を含めた道路や上下水道などを整備した宅地化を条件として土地購入を済ませていた。しかし、こうした宅地開発計画にはミラノ周辺都市間の調整が必要であるとして県議会が反対したため、なかなか認可が下りなかった。ところが一九七〇年に憲法が規定する州制度が発足して最終的な許認可権が州に移行したことも幸いし、一九七二年になってやっと認可を得ることができた。

ただ一つ最後に残る難題があった。というのも近くにリナーテ空港があり、その敷地の上空が航路となっていたからである。しかし、地元住民を巻き込んで請願運動を起こしたり、カトリック司祭のルイージ・ヴェルツェーが隣接地に慈善目的の病院建設を計画していることを理由に陳情を繰り返したりすることによって、運輸大臣から航路の変更を勝ち取ることに成功した。新たに騒音公害にさらされることになった住民(それには皮肉なことにベルルスコーニから住宅を購入したばかりのブルゲーラ団地の住民も含まれていた)や、航路変更によって危険な離着陸を余儀なくされたアリタリア航空のパイロットによる抗議運動が起こったものの、後の祭りであった。

ミラノ・ドゥエには三人の著名な建築家が設計に携わり、完成までには九年を要した。六五万平方メートルの広大な敷地の真ん中には中央広場と人造湖がしつらえられ、それを取り巻くようにして常緑樹の生い茂る緑地帯とともに、コンクリート造りの高層建築ではなく煉瓦(れんが)造りの中層建築が配置された。五〇〇メートルにも及ぶアーケード付きのショッピング・アーケード、スポーツ・ジム、プール、ホテルも完備された。それればかりか、教会、会議場、六つの学校まで設けられた。敷地内の歩道、自転車道、自動車道は完全に分離され、自動車はすべて地下駐車場に収容されるようになっていた。また正面ゲートにはガードマンが常駐し、外部からの不審者の侵入を日夜監視する完璧なゲイテッド・コミュニティとなっていた。

それだけではなかった。ミラノ・ドゥエには六チャンネルのケーブルテレビが敷設されていた。最初の三チャンネルは公共放送（RAI）、あとの二チャンネルは海外放送であった（いずれも有料）。そして最後の一チャンネルが無料の団地住民向け放送として使用されていた。それが一九七四年からテレミラノと名乗るようになり、のちにベルルスコーニが商業テレビを中心とするメディア帝国を築くきっかけを与える重要な出発点となった（現在もなお彼のテレビ番組制作会社メディアセットのスタジオはミラノ・ドゥエ内に置かれている）。

ベルルスコーニは、ミラノ・ドゥエを建築デザインの面でも都市計画の面でも未来志向の画期的なプロジェクトだったとして、今なお自負している。だが、できてからおよそ五〇年近くもたつと、そのあらばかりが目立ってしまう。実際、交通の便が悪くて客がよりつかなくなり高級ブティックの多くは店を閉じてしまった。またベルルスコーニが誇りとした建築デザインや都市計画といっても、じつはイギリスやスカンジナヴィア諸国の二番煎じにすぎない。しかもテレビ・スタジオを持つメディアセットの警備があまりにも厳重すぎるため、誰もが気軽に立ち寄れる、開放的でくつろいだ雰囲気の高級住宅地とは到底いえないものとなっている。

新会社と偽装工作

それはともかく、ベルルスコーニがこれほどまで誇りとしたミラノ・ドゥエであったが、それを建設したのは彼の会社ではなかった。少なくとも名義の上ではそうではなかった。ミラノ・ドゥエを建設するために一九六八年に設立された新会社エデイルノルド住宅センターの社長は、当時三一歳のリディア・ボルサーニという女性であった。ベルルスコーニの母親の妹の娘である。いうまでもなく彼女は名義を貸したにすぎない。しかも、新会社の最大の出資者は、名称こそ違え、一九六三年にブルゲーリオ複合住宅団地を建設したときと同じように、スイスのルガーノに本社をおくドイツ語の社名を持つ住宅金融会社であった。また、その法定代理人も前回と同じくスイス国籍を持つ弁護士のレンツォ・レッツオーニコであった。一九七〇年には社長がリディアの母親、ベルルスコーニの母の妹マリア・ボッシに交代した。さらに一九七七年になるとレッジョ・カラーブリア出身でローマに弁護士事務所を開業していた税務弁護士ウンベルト・プレヴィティに代わり、翌一九七八年には初期の事業目的は完遂されたとして、この会社そのものが清算されてしまったのである(ウンベルト・プレヴィティの息子の弁護士チェーザレは、その後ベルルスコーニの重要な腹心の一人となる)。

じつはベルルスコーニは、右記の会社以外にも、そのつど莫大な融資を受けながら、わざと出資者の素性を曖昧にしたまま、他人名義でいくつかの会社を設立しては清算や合併を繰り返していた。そうした会社の一つであるイタルカンティエーリ社が一九七五年に有限会社から株式会社となり初めて公に社長に就任にするまで、なぜかベルルスコーニは一九六八年からおよそ七年もの長きにわたり、いわば偽装ないし潜伏した状態にとどまり続けたのである。

父親のルイージは一九五四年にラジーニ銀行に勤務し始め一九五七年には代表権を持つ取締

役となり一九七五年には退職をしている。そしてラジーニ銀行は当初よりベルルスコーニの不動産建設事業には深く関与していた。しかも、そのときにはすでに一九七四年にはこの銀行の経営権はラジーニ伯爵家からパレルモのアッザレット家に移っていたが、一九八三年には、警察によるミラノに進出したマフィアに対する電撃的な捜査の対象となる。そこから潜伏中のサルヴァトーレ・リイナ（一九八二年から九三年まで潜伏）やベルナルド・プロヴェンツァーノ（一九六三年から二〇〇六年まで潜伏）といった名だたるシチリア・マフィアのボスが、莫大な金額の預金口座をラジーニ銀行に開設していることが明らかになった。いいかえるとラジーニ銀行はシチリア・マフィアが麻薬密売などの犯罪によって非合法的に獲得した資金を洗浄するための金融機関となっていたのである。そうしたことを念頭におくならば、ベルルスコーニが、マフィアによって違法に海外送金された資金を、スイスのペーパー・カンパニーを迂回し自らの事業の資金源として調達することで、マフィアのマネー・ロンダリングに手を貸していたのではないかという疑惑にも、それなりの根拠があったといえるのである。

実際、財務警察（財務省の管轄下にあり捜査権と軍隊型組織を持つ）も、こうした疑惑を拭い去れなかったことから、脱税の容疑でベルルスコーニが一九七九年に設立した持株会社フィニンヴェスト社の税務査察を二カ月もかけて実施した。ところがベルルスコーニは出資者のスイスの住宅金融会社についても受託者の建設会社についてもそれぞれの所有者ではなかったとの結論を出すことで、この疑惑に終止符を打った。ベルルスコーニはその大切な顧客であるエディルノルド住宅センターの社長、つまり彼の従妹のリディア・ボルサーニがスイスの住宅金融会社から融資を受けるための保証人にすぎなかったというわけである。

だが話はここで終わらなかった。この査察を指揮した税務弁護士の資格を持つマッシモ・ベルルーティ大尉はしばらくして財務警察を辞職し、フィニンヴェスト社の顧問弁護団の一員となった。そして一九九四年総選挙では、ベルルスコーニが設立した「フォルツァ・イタリア」から出馬して下院議員に当選し、二〇〇六年まで連続して下院議員を務めることになったのである。

いずれにせよ、ベルルスコーニ自らが進んでこうした疑惑を晴らそうとしたことは、いまだかつて一度もない。

3 アルコレ邸をめぐる秘話

「王宮の来歴」

誰もが知るようになってからのベルルスコーニの現住所を記すとするならば、ロンバルディア州モンツァ・ブリアンツァ県アルコレ市ヴィッラ・サンマルティーノということになる。このアルコレ邸(ヴィッラ・アルコレ)が、新聞やテレビなどでは彼の自宅の別称としてよく用いられてきた。というのもアルコレ邸が、私生活のみならず、彼の公的な活動にはなくてはならない重要な舞台となってきたからである。一九九四年に彼が首相となってからは、たんなる邸宅というよりも、一種の王宮であるとさえいうことができた。重大な決定は、ローマの首相官邸であるキジ宮殿ではなく、ほとんどアルコレ邸で行われてきたのである。

ベルルスコーニがこの地に、後にはアルコレ邸と呼ばれることになる壮大な邸宅を購入したのは一九七四年のことである。ここにはかつてベネディクト会の修道会があった。一八世紀半ばにジュリアーノ伯爵家の所有地となり新古典派様式の邸宅(ヴィッラ・サンマルティーノ)が建てられた。この邸宅は婚姻によって一八四九年には所有権がカザーティ・スタンパ侯爵家に移ったことから、それ以降カザーティ邸(ヴィッラ・カザーティ)と呼ばれるようになった。

カザーティ邸には、一四七室もあり、ルネサンス最後期の画家ジョヴァンニ・バッティスタ・ティエーポロやヴェネツィア派を代表する画家ティントレット、またロンバルディアの巨匠ベルナルディーノ・ルイーニによる「十字架の道行き」(一四枚からなる連作)などを所蔵する絵画室を備え、一万冊の稀覯本(きこうぼん)を集めた図書室まで持つ優雅な宮殿と一〇〇万平方メートルにも及ぶ広大な庭園があった。一九五五年に亡くなるまでこの邸宅で暮らしたアレッサンドロ・カザーティ・スタンパ侯爵は反ファシスト自由主義派知識人として知られ、イタリアを代表する自由主義の哲学者ベネデット・クローチェもしばしばここを訪ねたという。

それでは、まだ海のものとも山のものともつかない新興成金のベルルスコーニが、このような由緒ある大邸宅をどうして手に入れることができたのであろうか。

カザーティ邸は一九五五年にアレッサンドロが亡くなった後、孫のカミッロが所有することになった。カミッロは一九五〇年にナポリのバレリーナと結婚して娘のアンナマリアが生まれたが別れる。そして一九五八年にカンヌのリゾート・ホテルで人妻である女優のアンナ・ファッラリーナと恋に落ち、一九五九年にはスイスに行って民事婚という形で結婚する。一九六一年になると教会裁判所が前妻との婚姻の無効を認めたので、カミッロとアンナは晴れて教会で結婚式を挙げることができたのである。

その間の事情を少し説明しておこう。当時のイタリアでは原則として離婚はできなかった。一九七四年の国民投票によって離婚法が確立するまでは、一九二九年に教皇庁とファシスト国家が締結したラテラーノ協定が戦後のイタリア共和国憲法でも第七条として継承されたため、秘跡の一つである婚姻の不解消性を規定する教会法が、まだ民事上の効力を持っていたからである。それゆえ教会裁判所（通称サクラ・ロータ）が当該婚姻の無効を宣告しない限り離婚も（したがって再婚も）できなかった。それにもかかわらず、カミッロの場合には、奇妙なことに娘までもうけていたにもかかわらず、教会裁判所は最初の結婚を無効と認定していた。このように当時のカトリック教会は、しばしば富裕な特権階級に限り、おそらくは莫大な慰謝料の支払いや教会への多額の献金などと引き換えに、婚姻を無効として離婚や再婚を認めるという、著しく恣意的で偽善的なダブル・スタンダードを事実上容認してきたのである。

由緒ある侯爵家の末裔(まつえい)として執事にかしずかれて我儘(わがまま)かつ横暴に育ったカミッロは、狩猟とクロスワード・パズルに熱中する一方、じつは性的倒錯者でもあり、再婚した妻のアンナの裸体ばかりか、彼女に若い男性をあてがって二人の情交場面を写真撮影するという尋常ならざる性的嗜癖を持っていた。ところが一九七〇年八月三〇日、彼らが暮らしていたローマのボルゲーゼ公園近くの高級アパートで、カミッロは密会していた妻と愛人の学生の二人を猟銃で射殺した後、同じ猟銃で自らの命も絶ってしまう。この猟奇的な殺人事件は「プッチーニ街の殺人事件」と名付けられ、高度成長後の退嬰(たいえい)的で荒廃した社会風俗を象徴するものとして多くの人々の記憶に長く残るものになった。

遺産相続のてん末

こうして、この殺人事件の結果、カザーティ邸は、孤児となった当時一九歳の一人娘アンナマリア・カザーティ・スタンパが遺産として相続することになった。ここで、奇妙ないきさつから、先述したローマの弁護士チェーザレ・プレヴィティが登場することになる。殺された妻アンナの家族が依頼人であった。カミッロ・カザーティ・スタンパ侯爵の自殺後、もし猟銃で撃たれたアンナがたとえわずかの間でもまだ生きていたならば、彼女やその家族にも遺産の相続権が生じるはずだというのである。この馬鹿げた主張は検視の結果すぐに退けられた。しかし、プレヴィティ弁護士は、これをきっかけに、遺産相続人となったアンナマリアが未成年であり後見人を必要としていたことを知り、すでに高齢となった後見人に取り入って、まんまと事実上の遺産管財人となることに成功したのである。

しかもアンナマリアは、父親の猟奇的な殺人事件によって絶望のどん底に陥っていたため、イタリアから一刻も早く出国したがっており、一九七二年にはブラジルに移住してしまう。ただ相続税を捻出する必要もあったので、カザーティ邸の土地の一部を売却する決断をした。そして遺産管財人となったプレヴィティ弁護士がその売却先として選んだのがイドラ不動産だった。その会社の社長はベルルスコーニであり、ウンベルトとチェーザレのプレヴィティ父子も取締役だった。それが弁護士にはあるまじき利益相反であり背信行為であったことはいうまでもなかったが、遠くブラジルで暮らす侯爵令嬢アンナマリアには知る由もなかった。

一九七四年には、アンナマリアが残すことを望んでいた絵画室や図書室も含めて、宮殿や残りの土地が、この会社に売却された。いずれの場合も、当時としては破格の安値で、しかもベルルスコーニには著しく有利な条件の分割払いとなっていたのである。

この契約を終えた一年後にはチェーザレ・プレヴィティ弁護士も、先述した財務警察のマッシモ・ベルルーティ大尉と同じようにフィニンヴェスト社の顧問弁護団に加わった。そして一九九四年の総選挙ではフォルツァ・イタリアから上院議員に当選する。首相となったベルルスコーニは彼を法務大臣に据えようとしたが、当時のオスカル・ルイージ・スカルファロ大統領がプレヴィティの廉潔を疑って忌避したため、やむなく国防大臣に任命したという逸話も残っている。その後も何期にもわたり下院議員や上院議員を務めた一方、ベルルスコーニの事業展開にからみ裁判官に対する贈賄など数多くの刑事事件の被告人となる。そして二〇〇六年と二〇〇七年には最終審でそれぞれ禁固六年と一年六カ月の有罪判決を受けたが、一九三四年の生まれですでに高齢であったことから刑務所への収監を免れ、社会奉仕活動をすることと引き換えに釈放されている。

「友情の回廊」

ところで、話は相前後するが、ベルルスコーニは一九六五年に四歳年下でラ・スペツィア生まれのカルラ・エルヴィーラ・ダッローリオと結婚していた。彼女の父親はジェノヴァにある潜水用具会社の社員だったが、その頃すでに一家はミラノに移り住んでいた。ミラノ中央駅前の市電の停留所で偶然彼女を見初めて口説いたのだという。まだベルルスコーニの髪も薄くはなく、英国製のワイシャツの上に金ボタンのついたダブルの背広を着こなす、いなせな伊達男に彼女も一目惚れをし、ほんの数カ月後には結婚する運びとなった。一九六六年には長女マリア・エルヴィーラ（通称マリーナ）、一九六九年には長男ピエル・シルヴィオが生まれた。

そのころ、一家はミラノの南西にあるサン・ジミニャーノ大通りにあるマンションに暮らしていた。同じ建物の各部屋には、自分の両親だけではなく、母方の叔母(マリア・ボッシ)や従妹(リディア・ボルサーニ)ばかりか、かつての同級生で親友のロマーノ・コミンチョーリまで呼びよせて一緒に暮らしていた。このように自らの家産(=事業)を中心に気のおけない家族や親友からなる疑似同族集団を結成し、その頂点に立ってこれを支配し統率することは、彼の無上の喜びとするところであった。

それゆえ、新たに入手したアルコレの豪邸は、たんなる上昇志向や自己顕示欲だけではなく、こうした家産制的支配へのあくなき欲望をいかんなく象徴するものとなった。そこには購入以前からすでにプールやテニス・コートが備えられていたが、彼は新たに屋内プールを増設した。その壁面には巨大なテレビ画面が設置され、遊泳中でも各種の情報が入手できるように工夫されていた。アスレチック・ジムやサウナ・バスも設置した。また、近所に別の敷地を購入して、そこにヘリ・ポートを造成した。しかし、それだけなら、新興成金にはよくある話に止まってしまう。そこで、とても興味深い話を紹介しておこう。

アルコレ邸を購入して一五年近くたってからの一九八八年のことだが、ベルルスコーニは、著名な現代彫刻家のピエトロ・カシェッラに依頼して、のちに「ミラノ・アッシリア霊廟」と名付けられることになる地下霊廟の造営を開始した(一九九三年に完成する)。キリスト教的な意匠はほとんどなく、むしろピラミッドやパンテオンを連想させるようなシンプルで抽象的な様式で造られていた（フリーメイソンの墓所の様式に近いという説もある）。地下霊廟の中央には、日頃彼が聖母になぞらえていた母ロゼッラの大理石の石棺が安置されることになっていた（彼女は二〇〇八年に九七歳で亡くなったが、実際にはここではなく、ミラノ記念墓地に埋葬された）。また、いずれはベルルスコーニの遺骸が埋葬される主墓を取り囲むような形で「友情の回廊」が造られ、三六もの墓所が用意されていた。そこにはベルルスコーニに忠誠を誓った盟友たち、先述したコンファロニエーリやプレヴィティ、すぐ後で述べることになるマルチェッロ・デッルットリ、お抱えテレビ司会者となるエミリオ・フェーデなどの石棺が安置されることになっていた。一時はベルルスコーニの支持者だったが後に辛辣な批判者に転じた著名なジャーナリストであるインドロ・モンタネッリにも、この墓所の提供を申し出たが、丁重に断られたといわれている。

いずれにせよ、そこには死後の世界でも疑似同族集団の契りを結んだ刎頸の友とともに永遠の眠りの床につきたいという彼の願いが見事なまでに示されていた。ただ奇妙なことには、なぜか地下霊廟には強力な発電機やディーゼル・エンジンまで設置されていた。遠い将来、科学技術や医療の進歩によって死者の生命の復活が可能となる時代がやってくるまで、自分たちの遺体を冷凍保存しようと考えていたのではないかといわれているが、真相は不明である。

さて、アルコレ邸をめぐっては、最後にもう一人、重要な登場人物の名前を付け加えなければならない。それはマルチェッロ・デッルットリである。かつてバンドを組んでいた幼なじみのコンファロニエーリ、先述した弁護士のプレヴィティ、そしてデッルットリが、ベルルスコーニの側近中の側近となる。いわば彼の家臣団の三奉行といってもよいだろう。

デッルットリとマフィア

デッルットリは一九四一年にパレルモで生まれた。高等学校卒業後ミラノに移りミラノ大学法学部を卒業する。そして在学中に五歳年長のベルルスコーニと知り合った。大都会の孤独に打ちひしがれた南部出身の後輩にベルルスコーニは何くれとなく世話を焼いたという。だが寡黙で気難しいシチリア出身の青年とすぐに打ち解けたわけではなかった。二三歳のときにデッルットリはベルルスコーニのエディルノルド社で働き始めるが、すぐに辞めてしまう。

一九六五年にはローマで修道会オプス・デイ(Opus Dei)が運営するスポーツ・センターの少年サッカー・チームの監督となった。オプス・デイは一九二八年にスペインでホセマリア・エスクリバーによって創設された修道会である。修道士のみならず平信徒会員にも厳格な戒律が求められる秘密結社的な国際組織を持ち、とりわけ一九七八年に教皇ヨハネ・パウロ二世が着座して以降、ローマ教皇庁に対する影響力を一挙に拡大したといわれている(創設者のエスクリバーは死後わずか三〇年弱という異例の速さで聖人に列聖された)。また一九八一年にイタリアの政財界を震撼させた秘密結社Ｐ２（ピー・ドゥエ）事件（第２章を参照）に関連して、その関与が取り沙汰されたことから「聖なるマフィア」との異名もある。

一九六七年にデッルットリは同じオプス・デイが経営するパレルモのアスレチック・クラブのスポーツ部長に就任した。そこで、マフィアのボスのヴィットーリオ・マンガノやガエターノ・チノーと知り合いになる。そして、なぜかデッルットリは一九七〇年からシチリア貯蓄金庫の支店に勤務しはじめ、わずか三年後にはパレルモ本店の農業融資部長にまで昇進する。

ところが一九七四年三月にデッルットリはシチリア貯蓄金庫を辞職してミラノに戻ってきた。ベルルスコーニの私設秘書に雇われて、アルコレ邸の改修工事責任者となるためである。ただそれだけのために雇われたのであろうか。この不可解な謎については、一つの事実によって答えることができる。それは同じ年の七月にデッルットリがパレルモからヴィットーリオ・マンガノをアルコレ邸に連れてきたことである。

マンガノは一九四〇年にパレルモに生まれ、その当時はすでにポルタ・ノーヴァという有力なマフィア一家の若くて「有望な」組員の一人であった。逮捕歴も三回に及んでいた。マンガノはそれからほぼ二年間アルコレ邸で暮らすことになる。表向きは厩舎（きゅうしゃ）の馬丁（ばてい）であった。一頭しか馬がいなかったにもかかわらず、である。

彼の本職は馬の仲買人となっていて、ミラノとパレルモをしばしば往復していた。しかし、後に明らかとなった捜査当局の電話盗聴によれば、「馬」は「麻薬」の隠語であり、彼はアルコレ邸でも麻薬密売の取引を繰り返していたのである。一九七七年にはアルコレ邸を立ち去るが、しばらくしてデッルットリもベルルスコーニのもとを離れる。

マンガノはその後ポルタ・ノーヴァ一家の幹部となる。そして逮捕後、二件の殺人事件やマフィアへの加入また麻薬密売の罪により終身刑(イタリアでは最高刑)の判決を受けて収監され、二〇〇〇年獄中において癌で死亡した。享年六〇歳であった。しかしベルルスコーニとの関係については「沈黙の掟」(オメルタ)を守りつづけた。

デッルットリがシチリア・マフィアと深い関係にあったことや、シチリア・マフィアと不動産建設業界の新興成金であったベルルスコーニとを結びつける要(かなめ)となってきたことは、司法取引に応じたマフィアの改悛者による数多くの証言からも、もはや疑いようがないといえよう。だが、それにしても、どうしてベルルスコーニは一九七四年にアルコレ邸に移ると同時に、パレルモからデッルットリを呼び寄せたばかりか、マフィアの組員であるマンガノを自宅に住まわせるようなことをしたのであろうか。

一九六〇年代のイタリアではマフィア対策として、逮捕したマフィアを北部の刑務所に収監して地元のシチリアから隔離するという措置が講じられていた。しかし、それが裏目に出て、一〇年後には北部の刑務所での受刑者は三七四人にも及び、かえってシチリア・マフィアが北部に進出するための絶好の機会を与えてしまうことになった。とくに彼らがきわめて有望な犯罪ビジネスと考えたのは誘拐である(シチリアでそれを行うことは固く禁じられていた)。

実際、一九七四年一二月七日には、アルコレ邸の夕食会に招待されたナポリの富豪が帰り道で誘拐されるが、誘拐犯が運転を誤って事故を起こしたために未遂に終わるという事件が生じていた。一九七五年六月二六日にはフィニンヴェスト社の本社を設置するために購入したミラノのロヴァーニ通りにある旧ボルレッティ邸のまえで爆薬が破裂した。ベルルスコーニがシチリア・マフィアから執拗な脅迫を受けていたのは明らかであった。ベルルスコーニは五歳になった長男のピエル・シルヴィオを誘拐犯から守るために数カ月スペインで暮らしたこともあったという。マンガノがパレルモから招かれたのは、いうまでもなく、誘拐犯から子供たちを守るための用心棒としてであった。馬丁だったはずのマンガノが、お抱え運転手として、二人の子供の通学に付き添うことになったのである。

しかし、マフィアがそんな「仕事」を無償で請け負うことなど、はたしてありえたのであろうか。もしありえないとすれば、その代償とはいったい何だったのであろうか。たしかにマンガノがアルコレ邸に暮らしたのはたったの二年間である。だが、その後はまるで何事もなかったかのようにベルルスコーニがマフィアと無関係に暮らすことなど、本当に可能だったのだろうか。ちなみにイタリアではマフィアの代名詞の一つに蛸(ピオーヴラ)がある。もちろん一旦吸いついたら絶対に離さない吸血鬼のような連中という意味である。いずれにせよ、ベルルスコーニが国家や警察に自分たちを保護するだけの力があると信じていなかったことだけは確かである。自分の富や家族の安全を守るには、むしろマフィアの方が、実力があってはるかに有効であると考えていたに違いない。

ところで、デッルットリは一九八〇年になると、なぜかまたベルルスコーニのもとに戻ってくる。そしてベルルスコーニが所有するイタリア最大の広告会社プブリタリアに勤務し、最後は社長にまでなる。さらに一九九四年の総選挙ではフォルツァ・イタリアの選挙対策本部長となり、一九九六年総選挙で下院議員に、一九九九年には欧州議会議員に、二〇〇一年には上院議員になっている。だが、その一方で、プレヴィティと同じように数多くの企業犯罪の被告人として起訴されることになる。そればかりか二〇一三年には第二審でマフィア幇助(ほうじょ)罪で禁固七年の有罪判決を受けたが、レバノンに逃亡する。しかし二〇一四年には現地の警察によって逮捕され、最終審でも第二審の判決が確定する。同じ年にレバノンから国外追放となったのち収監され、二〇一八年の今も服役中である。

4 民間テレビ業界の覇者へ

メディアの乱立

イタリアではファシスト体制下の一九二四年に公共放送RAIが設立されラジオ放送を開始した。一九五四年からテレビ放送も始まったが、戦後のイタリアで政権与党の座を占め続けたキリスト教民主党が一九七五年までRAIの経営委員任命権を独占していた。しかし、西欧最大の組織力を誇るイタリア共産党が、一九七二年に書記長となったエンリコ・ベルリングェルのもとで、ソ連離れを強めてユーロコミュニズムやキリスト教民主党との「歴史的妥協」を唱えることによって大躍進を遂げ、一九七六年六月総選挙では三四・四％もの得票率に達した（キリスト教民主党との得票差はわずか四・三％に縮まった）。そして同年九月には共産党の事実上の同意にもとづいて「国民連帯」政府が成立する。また、そのような状況のなかで一九七五年にはキリスト教民主党によるRAI経営委員任命権の独占も崩れてしまう。こうして一九七六年以降、RAIの第一チャンネルはキリスト教民主党、第二チャンネルは社会党、第三チャンネルは共産党の影響下におかれるという、三つの大衆政党による棲み分け状態が成立することになった。

ところが、その一方で、憲法裁判所は一九七六年七月二八日に地上波ラジオ・テレビ放送規則に関する画期的な判決を下していた。それによれば、全国放送は従来どおり公共放送に委ねるとしたが、「地域の範囲」を越えない放送に関しては、設備費用もわずかであり、独占や寡占の心配もないので、私人ないし私企業が放送局を設立する自由を認めるとした。

ただし電波が共有資源であり公共財産である以上、放送業界全体を視野に入れた包括的な法整備が必要であるとして、できるだけ速やかな立法活動の開始を議会には勧告していた。

ところが議会は憲法裁判所の勧告をその後一四年にもわたって無視しつづけた。こうして、誰もが自由に民間放送局を設立できるようになったために、高度成長期の不動産ブームの時と同じようにファー・ウェストと呼ばれる西部劇もどきの無政府状態が生じた。その結果、一九七八年に設立された民間放送局は四三四を数えるまでとなったのである。

テレビ業界への進出

すでに述べたように、ベルルスコーニは一九七四年にミラノ・ドゥエの住宅団地内のケーブルテレビ局としてテレミラノを開設していた。いうまでもなく、ベルルスコーニは、こうした民間テレビ放送の無政府状態を千載一遇のチャンスと見て、弱肉強食のジャングルのなかに猛然と飛び込んでいった。一九七八年にはテレミラノを正式の放送局に格上げし、七九年には彼の事業を統括する持株会社フィニンヴェストを創設した。同年には保守派のインドロ・モンタネッリが編集長を務める日刊紙『ジョルナーレ』を買収する。また同じ年にテレビ番組制作会社レーテ・イタリアと広告代理店プブリタリアを設立した。一九八〇年になるとテレミラノをカナレ・チンクエに改称し、住宅団地ミラノ・ドゥエの外部に対しても地上波による商業放送を開始した。

ベルルスコーニのテレビの強みはコンテンツ(番組の内容)にあった。莫大な資本を投下してアメリカからハリウッドの名作映画や連続テレビ・ドラマあるいはソープ・オペラ（お昼のメロドラマ）や子供向けアニメを大量に買い付けて、その録画ビデオを系列化された全国の地方民間テレビ局に廉価で販売した。このようにして販売された録画ビデオには予めスポット広告が挿入されており、ベルルスコーニには録画ビデオそのものではなく、むしろ広告料の方からはるかに大きな収益が得られるような仕組みとなっていた。あくまでも広告が主であり、番組は広告を見てもらうための媒体にすぎなかったのである。

それが功を奏して、一九八二年にデッルットリが社長となったプブリタリアの売上高は四年間で一八〇倍もの増加をみた。一九八四年度におけるフィニンヴェストの収益のじつに八五％がプブリタリアから生まれたものであった。またフィニンヴェストが雇用した三五〇〇人の従業員のうち二〇〇〇人がプブリタリアに勤務していた。

それればかりか、ベルルスコーニはアメリカのテレビ大衆文化を模倣したバラエティやクイズやスポーツといった娯楽番組をメディアセットで自社制作して人気を博することにも成功した。一九八〇年には、すでにＲＡＩの番組で人気司会者となっていたマイク・ボンジョルノを引き抜いて「夢の小箱」というクイズ番組を制作した。また一九八一年に始まった「ボンジョルノ・イタリア」は完全に「グッドモーニング・アメリカ」の二番煎じでしかなかったが、ゴシップ、料理、グルメ、ファッション、美容体操などから成る主婦向けワイドショー番組の定番をもたらすものとなった。さらに一九八〇年から八一年にかけて南米のウルグアイで行われたサッカーの世界チャンピオン・トーナメント「ムンディアリート」の独占放送権をＲＡＩから奪い取るという離れ業さえやってのけた。

ベルルスコーニの独創性はコンテンツだけに止まらなかった。このようにして販売された海外映画やドラマあるいは自社制作番組の録画ビデオを全国各地の放送局に前日までに送り届け、翌日「同時」に放送させることによって、カナレ・チンクエというテレビ局があたかも「全国放送」をしているかのような錯覚を、視聴者に起こさせる工夫をしていたのである。憲法裁判所の判決が認めたのは、あくまでも「地方の範囲」を越えない民間放送であった。それをかいくぐった巧妙かつ狡猾(こうかつ)な創意工夫ということができた。

しかし、当時のイタリアには、ベルルスコーニのカナレ・チンクエよりも、はるかに知名度もあり資本力もある大手出版社系列の民間テレビ放送局がすでに存在していた。ルスコーニ出版社が所有するイタリア・ウノと、モンダドーリ出版社が所有するレーテ・クワトロである。一九八二年の平均視聴率で比べるならば、ＲＡＩが六三％にまで低下した一方、カナレ・チンクエが一三％、イタリア・ウノが一〇％、レーテ・クワトロが八％であった。

ところが、ルスコーニ出版社やモンダドーリ出版社の経営陣は、憲法裁判所の判決によって民間テレビ放送が「地方の範囲」を越えてはならないと規定されていた以上、いずれは、この分野においても独占禁止法が制定されるのは不可避であると判断していた。そのようなリスクを考慮に入れるならば、ベルルスコーニのような全国規模での事業展開を一気に進めることには消極的とならざるをえなかった。むしろ、それは健全な経営判断であった。

しかし、こうしたリスクをものともせず、ベルルスコーニだけが猪突猛進していった。そして地方の民間テレビ局を次々と傘下に収めていった。その一方で、プブリタリアが仕掛けた熾烈な企業広告の獲得合戦に勝利を収めたことから、経営難に陥ったイタリア・ウノを一九八二年に、さらにはレーテ・クワトロを一九八四年に買収する。こうして早くも一九八四年には、ベルルスコーニが主要な民間テレビ放送局三社すべてを、寡占どころか独占するということになってしまった。それでは、なぜベルルスコーニだけが、いずれは民間テレビ局の分野でも独占禁止法が制定され、それが適用されるのも時間の問題であるとの懸念を抱くことがなかったのであろうか。

パトロン
クラクシ

それは、今となれば、謎でも秘密でもない。ベッティーノ・クラクシという、当時は飛ぶ鳥を落とす勢いの政治家がパトロンとして彼の後ろ盾になっていたからである。クラクシは、一九三四年にミラノで生まれた社会党の書記長であった。ベルルスコーニより二歳年長で、同じミラノ大学法学部の卒業生である。一九七六年に四二歳で社会党の書記長となってから、およそ五年かけて左右両派の党内派閥を切り捨て、一九八一年の党大会では七〇％もの代議員の支持を得ることで、完璧な個人独裁体制を樹立することに成功した。

社会党は一九六二年から七六年までキリスト教民主党と連立して中道左派政権に加わってきた。中道左派政権は、高度成長によって生じた社会の大きなひずみの是正を基本的な課題としていた。しかし、一九六八―七三年に学生と労働者による激しい異議申し立て運動が起こったことは、中道左派政権がそうした期待に応えるだけの十分な力量を備えていなかったことを示していた。

すでに述べたように一九七六年の総選挙でキリスト教民主党との「歴史的妥協」を唱えた共産党が大躍進を遂げた一方、社会党は得票率九・六％と、ついに一〇％の大台も割ってしまうという大敗北を喫していた。そればかりか戦後民主主義の擁護を旗印に共産党がキリスト教民主党と事実上の合意に達し、一九七六年に「国民連帯」政府が成立したことによって、社会党は重大な岐路に立たされることになった（もっとも一九七八年三月一六日にこうした工作の中心となったキリスト教民主党のアルド・モーロ前首相が「赤い旅団」に誘拐され、二カ月後に死体となって発見されたこともあって、一九七九年に「国民連帯」政府の試みは失敗に終わってしまう）。

こうした時期に登場したクラクシは、マスメディア時代の劇場政治や「政治の人格化」を先取りするような決断主義を重視する大統領型指導者を目指すと自称していた。こうした政治手法は、のちに政治家となるベルルスコーニとまるで瓜二つであった。

そして、先ずは反共産主義に大きく舵を切り、共産党に対して激しいイデオロギー論争を仕掛けた。一九六八年のソ連によるチェコスロバキアの軍事介入を批判して以来、ソ連離れを強めユーロコミュニズムを唱えていた共産党が、じつは、いまだにプロレタリアート独裁や民主集中制や階級闘争に固執するマルクス・レーニン主義的な全体主義政党でしかなく、個人の自由や多元的な民主主義とは本質的に相容れない権威主義的で官僚主義的な政党であると攻撃したのである。

他方、キリスト教民主党に対しては、あらためて社会党も参加する五党連立政権を組むことになったことから、あからさまな攻撃は控えたものの、イタリア型福祉国家はカトリック的な連帯主義と縁故主義がないまぜになった、きわめて前近代的で非効率かつ不合理な利益配分システムに他ならず、そうした仕組みはすでに破綻していると批判した。

いいかえると、カトリシズムや共産主義という戦後のイタリア政治システムの基本構造を規定してきた宗教やイデオロギーがもはや過去の遺物にすぎず、そうした宗教とイデオロギーにもとづいたキリスト教民主党と共産党からなる「不完全な二大政党制」(イタリアの評論家ジョルジョ・ガッリが創った概念)が、近代化にともなう脱イデオロギー化や世俗化によって、いずれは消滅する運命にあると主張していた。イデオロギーや宗教の呪縛(じゅばく)から解放された諸個人の自由なイニシアチブと競争の時代がやってくるのであり、知識や技術や専門能力を持つ生産的で自立した専門職や新中間層がそうした新しいトレンドをリードすると考えた。

それゆえ、クラクシが構想した社会ヴィジョンは、もはや社会民主主義というよりも、一九八〇年代の欧米先進資本主義諸国を席巻（せっけん）したマーガレット・サッチャーやロナルド・レーガンに代表されるネオ・リベラリズムのそれに呼応するものであった。こうしてクラクシの社会党は「競争的デモクラシー」「市場的自由競争」「社会的プルラリズム」を唱える「ネオ・リベラル」の政党に変身しようとしていた。それどころか、一九八四年には国民投票に勝利して、戦後の労働組合運動による最大の成果である「物価上昇率に対応した賃金自動昇給制度」（スカーラ・モービレ。イタリア語でエスカレーターを意味する）の改定（昇給率の四ポイント削減）にまで手をつけたのである。

またクラクシは当時流行っていた「統治能力」（ガヴァナビリティ）の危機という議論に乗じて、そうした危機の打開策として「大改革」を求め、イタリアでは初めて「第二共和制」への移行を提唱した。すなわち統治能力を強化するためには、フランスの第五共和政をモデルとする大統領直接選挙制や選挙制度改革（比例代表制から小選挙区制への移行）が必要だとした。このように、社会党は「ネオ・リベラル」の党のみならず「大改革」の党としてのイニシアチブをも握ろうとしていたのである。

そうした大言壮語にもかかわらず、クラクシの社会党は、あまりにも党組織が脆弱(ぜいじゃく)だったことから、現実にはキリスト教民主党と何ら変わるところのない旧態依然とした縁故主義と利益配分によって地方の支持基盤の維持と拡大を図らざるをえなかった。それゆえ社会党はキリスト教民主党にも勝るとも劣らない腐敗した政党となっていく。それどころか、クラクシの社会党が標榜した「個人主義」は、私物化した公金や賄賂を散財して、ヨットでクルージングをしたり、高級ブランド品を身にまとった美女を伴って夜な夜なナイトクラブで踊り明かしたりして、放逸で贅沢な私生活を誇示する成功者の「快楽主義」と「消費主義」に彩られたライフ・スタイルをとおして表現されることになった。少なくとも表向きは、敬虔で清貧を旨とする謙虚な善き信者を装ってきたキリスト教民主党の政治家には見られない新たな現象といわざるをえなかった。

ときあたかも一九八〇年代のイタリアは「黄金の八〇年代」といわれ、好景気に沸きかえっていた。とくにロンバルディア州やヴェネト州あるいはエミーリア・ロマーニャ州からなる「第三のイタリア」では、イタリア通貨リラの切り下げ効果もあって、ニッチ・マーケットに特化された多種多様で個性的な輸出向け商品を製造する零細な家族経営による中小企業の繁栄を見た。一九八六年にイタリアは総額でも一人当たりでもイギリスの国内総生産（GDP）を追い越す。こうしてイタリアの経済はアメリカの経済学者ケネス・ガルブレイスのいう「豊かな社会」(アフルエント・ソサエティ)の段階に到達し、消費主義や快楽主義が謳歌されることになった。その一方で、政府が放漫財政を放置したため、公共支出や公的累積債務も一気に増加し、一九九二年には国家財政が破綻することにもなった。

それはさておき、ベルルスコーニとクラクシの関係はどのようにして生まれたのであろうか。

クラクシとの蜜月

ベルルスコーニは、すでに一九七七年にはミラノの多額納税者リストの七番目に位置付けられる高額所得者になっていた。また同じ年には、フィアット社の三代目の社主ジャンニ・アネッリ(当時五六歳)、ピレッリ社の社長レオポルド・ピレッリ(当時五二歳)とともに、四一歳の若さで「労働騎士」(カヴァリエーレ・デル・ラヴォーロ)の勲章を授与されたのである(そのため「騎士」はその後ベルルスコーニの代名詞となる)。

そして一九七八年一月二六日には、のちにイタリア政財界を震撼させることになる秘密結社プロパガンダ・ドゥエ(P2)に入会する(いうまでもなく当時はその事実を誰も知る由がなかった)。これがベルルスコーニとクラクシとを繋ぐ重要なきっかけとなったことはまちがいなかった。しかし、この問題はあまりにも複雑なので、第2章で詳述することにし、とりあえずはベルルスコーニとクラクシの関係のみに限ることにしよう。

二人の個人的な関係が深まっていくのは、まず私生活をとおしてであった。ベルルスコーニは一九七九年にミラノのマンゾーニ劇場を購入した。そして、その劇場の二〇歳も年下の舞台女優ヴェロニカ・ラリオ（本名ミリアム・ラファエッラ・バルトリーニ）と情熱的な大恋愛に陥ってしまう。彼は家族にもその恋を隠しとおしたため、ヴェロニカは一九八四年極秘裏に二人の最初の子供をスイスで出産する。じつは、二人の最初の子供バルバラの洗礼に立ちあって名付け親となったのがクラクシだったのである。その一年後、最初の妻のカルラ・ダッローリオは協議離婚に応じた。そして一九九〇年にベルルスコーニはヴェロニカと正式に結婚する。その立会人となったのもクラクシ夫妻であった（しかしヴェロニカは前妻が生んだ二人の子供が暮らすアルコレ邸に移ることを拒否し、ほとんど公の場に姿を見せることもなく、ずっとミラノの別邸で母や自分が生んだ三人の子供とともに暮らし続けた）。

いずれにせよ、一九八〇年代の初めにはクラクシは週末ごとにアルコレ邸を訪ね、ベルルスコーニが所有するサンモリッツやポルトフィーノの別荘でヴァカンスを一緒に過ごすようになっていた。ベルルスコーニも、一九八五年以来、自分の会社の重役たちを引き連れて、コモ湖の近くにあるクラクシの別荘で年明けを迎え、新春パーティに参加することを恒例としていた。そして一九八三年に首相となったクラクシは、ベルルスコーニの民間テレビ放送を擁護するために常軌を逸した露骨な政治介入を行うことになるのである。

一九八四年一〇月一六日、トリノ、ローマ、ペスカーラの地方裁判所の判事が、憲法裁判所の判決に反する違法な全国放送をしているとして、ベルルスコーニが所有する三つの民間テレビ放送局に対し、その放送設備の強制的な閉鎖命令を下した。こうして、それらの三都市では、三つのチャンネルのテレビ番組が突然見られなくなったのである。そのため、ふだんと同じようにテレビ放送を楽しみにしていた多数の視聴者からの苦情が殺到することになった。これは、ベルルスコーニが密かに恐れていた最悪の事態が、ついに起こったということを意味していた。テレビ番組用のコンテンツの獲得のために莫大な負債を抱えつつ巨額の資本投下を行ってきた努力が、一夜にして水泡に帰する悪夢の時を迎えようとしていたからである。そして、この絶体絶命の窮地からベルルスコーニを救ったのは首相のクラクシだった。

クラクシ首相は、そのわずか四日後の一〇月二〇日、暫定措置法（六〇日間有効だがその後は立法化が必要）を発令してベルルスコーニが所有する三つのテレビ放送局の全国放送をただちに合法化した。下院はこうした暫定措置法を違憲と見なし、一一月二八日にはその立法化を否決した。ベルルスコーニは再度窮地に陥った。しかし、それに懲りることなく、クラクシ首相は一二月六日にあらためて同じ内容の暫定措置法を発令した。そして、当時はまだイタリア共和国の政党システムにおいて正統性を得ていなかったネオ・ファシスト政党の「イタリア社会運動」に依拠するという非常手段を用いることにより、かろうじてその立法化に漕ぎつけたのである。

たしかに、その法律では、その後五年以内に、新たなテレビ放送法を制定するとされていた。しかし、それは少なくとも五年間は憲法裁判所の判決に見合うテレビ放送法が不在のままであることを意味した。その結果、ベルルスコーニが独占する三つの民間テレビ放送局が、自由に全国放送を続けることができたのは、いうまでもなかった。

その後、一九九〇年には、クラクシと盟友関係を結んでいたアンドレオッティ政権のもとで、オスカル・マンミ郵政相の名前を冠したマンミ法が、これに反対する五人もの閣僚が辞表を提出するという大混乱のなかで成立する。これによって、公共放送ＲＡＩ三局とベルルスコーニが独占していた民放三局からなる「複占体制」(ドゥオ・ポリオ)が法律によって追認されることになった。

このようなことからも、ベルルスコーニは、少なくとも民間テレビ放送に関する限りは「自力で成功した男」(セルフ・メイド・マン)ということはできなかった。もしクラクシのなりふりかまわぬ「政治的庇護」がなかったならば、ベルルスコーニがメディア帝国を一代で築き上げることなど到底できなかったであろう。その意味においてベルルスコーニは紛れもなき「政商」であった。

第2章
闇を支配する

1986年2月10日，多くのマフィアが収監されたマフィア大裁判(Getty Images)

1　シンドーナ事件とフリーメイソン秘密結社P2

謎の死と重大資料

ここでは、一九七〇年代後半から八〇年代初めにかけて、イタリア政財界を震撼させた大金融スキャンダルであるシンドーナ事件について説明することから始めたい。

ミケーレ・シンドーナは一九二〇年にシチリアの貧しい家庭に生まれ、苦学してメッシーナ大学を卒業した後ミラノに移り大企業の顧問弁護士として名声を博した。そして当時としてはまだ珍しかった株式公開買付(TOB)によって四一歳の若さで銀行を買収するほどとなる立志伝中の人であった。それればかりか、当時ミラノ大司教だったジョヴァンニ・バッティスタ・モンティーニ枢機卿(後の教皇パウルス六世)の知遇を得て、シカゴ出身のポール・マルチンクス大司教が総裁を務める、いわゆるヴァチカン銀行(宗教事業財団IOR)の資金運用にまで携わるようになった。またニクソン大統領の下で財務長官となる銀行家のデイヴィッド・ケネディとも昵懇(じっこん)となり、一九七二年にはアメリカの銀行まで買収して大西洋をまたぐ金融帝国を築き上げ、一九七三年にキリスト教民主党の実力者アンドレオッティから「イタリア通貨「リラの救済者」と称えられるほどの成功を収めていた。

ところが一九七四年のミラノ株式市場の暴落で運命は暗転する。彼の銀行は相次いで経営破綻し、そればかりか彼自身も背任横領罪で起訴され、ニューヨークに逃亡するが逮捕される。保釈後、一九七九年にはまた別の容疑で逮捕される。そして、もう一度保釈となるが、テロリストによる誘拐事件を自作自演して偽造パスポートでシチリアに密航したことから、イタリアの政財界を恐怖のどん底に陥れることになった。というのも彼自身も会員であったフリーメイソン（イタリア語ではマッソネリーア）の秘密結社Ｐ２やマフィアとの人脈を使い、不正金融操作で利益を得た「五〇〇人の名簿」の存在を示唆することにより政財界の要人を執拗に脅迫することで、倒産した彼の銀行の救済策の実現とマフィアが被った損失の回復を図ろうとしたからである。

シンドーナの工作も結局は失敗に終わる。逃亡先のニューヨークで三度逮捕されることになり、一九八四年には身柄がイタリア側に引き渡される。そして一九八六年にはイタリア銀行によって倒産した彼の銀行の破産管財人に任命されたジョルジョ・アンブロゾーリに対する嘱託殺人の罪で終身刑の判決を受ける。だが服役からわずか二日後の一九八六年三月二〇日、獄中でエスプレッソ・コーヒーを飲んだ直後に謎の死を遂げたのである（公式発表では服毒自殺とされた）。

それよりも五年ほど前のことになるが、一九八一年三月一七日、ミラノ地方裁判所の予審判事ゲラルド・コロンボとジュリアーノ・トゥローネは、シンドーナの偽装誘拐事件を捜査するなかで、思いもかけない重大な資料を発見してしまう。二人はトスカーナ州のアレッツォ近郊のカスティリオン・フィボッキでマットレス製造業を営んでいたリーチョ・ジェッリの事務所から、P2の会員名簿を発見したのである。

そこには九六二人もの氏名が記載されていた(ただしその名簿には会員番号一六〇〇番以降の氏名しか記載されておらず、それ以前については不明であった)。国家秘密諜報機関の長官や陸海空三軍・治安警察(カラビニエーレ)・財務警察の将官一九五人を始め、国会議員四四人、現職閣僚三人、元閣僚二人、社会民主党書記長ピエトロ・ロンゴ、また裁判官、県知事、警察署長、銀行家、実業家、出版社社主、編集者、大使、大学教授、さらにはイタリア共和国憲法の経過規定及び補足第一三項によりイタリアへの入国が禁じられスイスに居住していたサヴォイア家の嫡男ヴィットーリオ・エマヌエーレ、そしてシンドーナやカルヴィ(後述)やベルルスコーニの名前も含まれていた。

フリーメイソン

そこで、この問題を論じるまえに、イタリアのフリーメイソンおよびP2そしてその会所長となったリーチョ・ジェッリについても、かんたんに説明しておきたい。

イギリスに起源をもつフリーメイソンがイタリア各地に広まったのは一七三〇年頃からだといわれている。一八〇五年には諸地域の会所(ロッジャ)を統合する総大会所(グラン・ロッジャ・ジェネラーレ)がミラノで結成された。カトリック教会は彼らが唱える啓蒙主義や反教権主義を嫌い破門でこれに応えた。その一方フリーメイソンはイタリアのリソルジメント運動においてきわめて大きな役割を果たした。民主派の指導者のほとんどが何らかの形でフリーメイソンとの関わりをもっていたからである。一八五九年には全国組織としてイタリア大東方会(グランデ・オリエンテ・ディタリア)が結成された。そしてジュゼッペ・ガリバルディが一八六一―六二年の総会で大会所長(グラン・マエストロ)に選ばれたのである。

イタリア王国統一後も大きな影響力を保ちつづけ、アゴスティーノ・デプレティス(首相在任期間は一八七六―八七年)、フランチェスコ・クリスピ(同一八八七―九一年、一八九三―九六年)、ジュゼッペ・ザナルデッリ(同一九〇一―〇三年)も会員であった。しかし社会主義運動の台頭に脅威をおぼえて、反教権主義と自由思想を捨てるとともにカトリック教会に接近しようとした少数派が大東方会から分裂し、一九〇八年に大会所(グラン・ロッジャ)を結成した(その後大東方会は「ジュスティニアーニ宮殿派」、大会所は「ジェズ教会広場派」と呼ばれるようになる)。

しかしファシスト政権の成立によって事態は一変してしまう。大東方会は第一次大戦では民主的参戦論の立場をとり、ファシズムについても行動隊の暴力には反対だがムッソリーニによる秩序の回復には賛成するという曖昧な態度をとり続けた。他方、大会所は当初よりファシズムを支持し、一九二三年にはムッソリーニに名誉大会所長の称号を授けた。それにもかかわらず一九二五年になるとファシズム大評議会が秘密結社禁止法を制定したため、大東方会は自主的に解散し、大会所も結局は翌一九二六年に解散を余儀なくされる。指導者は国内流刑に処せられたため、国外に亡命して反ファシズム活動に携わった者も数多くいた。また一九三〇年には亡命地のパリで大東方会が結成された。

第二次大戦末期から戦後にかけて、イタリアのフリーメイソンはアメリカの兄弟組織の強い影響を受けただけではなく(トルーマン大統領もフリーメイソンであった)、アメリカの秘密諜報機関である戦略諜報局(OSS)、そして一九四七年以降は中央情報局(CIA)と結びつくなかで再建されていくことになった。そのため反共産主義的な性格を著しく強めていく。

ところで「プロパガンダ」(宣教)は一八七七年にイタリア大東方会が創設した匿名の会所だった。入会者を国家支配層から調達することを任務とし、最高度の機密性の保持のために名簿や記録を残すことは禁じられ、大会所長しか構成員情報を知ることができなかった。一九四九年に大東方会が再建されたことから、この会所も復興され「プロパガンダ・ドゥエ」と名付けられた。そして一九七〇年に大東方会大会所長はリーチョ・ジェッリにP2の運営を委ね、入会儀式の執行権のみならず構成員情報の秘匿権限まで委譲することになったのである。

ジェッリの野心

それではリーチョ・ジェッリとはいったい何者であったのだろうか。彼は一九一九年にイタリア中部ピストイアの零細な製粉業者の家庭に生まれた。また一九八一年に予審判事のコロンボとトゥローネによる家宅捜査を受けたときには、すでにメディアには姿を現していたものの、実像は定かではない一介の企業経営者にすぎなかった。だが捜査が進んでいくにつれて、その謎に包まれた過去の経歴が明らかになっていく。

弱冠一七歳にしてファシスト義勇軍に参加してスペイン内戦でフランコ側に立って戦い(兄は戦死)、その功績が認められて小学校しか卒業していないのにピストイアのファシスト連盟幹部に抜擢(ばってき)された。一九四二年には、国民ファシスト党の巡察官としてユーゴスラヴィアのイタリア占領地に派遣されている。ファシスト体制崩壊後はピストイアに戻ってムッソリーニが新たに建国したイタリア社会共和国に忠誠を誓い、ナチ親衛隊との連絡将校に任命されたことからピストイアの市政を事実上支配することになった。

その一方で、ますます勢力を拡大しつつあった武装パルチザンの司令官シルヴァーノ・フェーディとも密通するようになる。そしてファシストによって幽閉されていたパルチザンの奪還に協力した。それゆえ、反ファシスト国民解放委員会は前歴を不問に付し通行証を与える。一九四四年一〇月に連合国軍がピストイアを解放すると、ジェッリは何食わぬ顔をしてこの街に戻り、家族とともに露天商を始めたのである。ただアメリカ軍秘密諜報機関に召喚されて、諜報員となることを受諾させられている。その後、地元の有力者であるキリスト教民主党の代議士ロモロ・ディエチドゥエ(ただし彼は反ファシストだった)の鞄持ちとなる。そうこうするうちにイタリア有数のスプリング・ベッド・メーカーとなるペルマフレックスの創業者ジョヴァンニ・ポッフェーリと知り合い、一九五六年に販売部長に抜擢されることで、やっと定職らしきものを手にいれたのである。

しかしジェッリの野心はそんなものでは止まらなかった。キリスト教民主党の政治家との交際範囲をさらに広げたばかりか教皇庁教理聖省長官を務めていたアルフレード・オッタヴィアーニ枢機卿といった高位聖職者にも接近した。その一方で、反教権主義的な立場をとる社会党や社会民主党の政治家とも交流し始め、反共産主義の立場を共有する国家秘密諜報機関や北大西洋条約機構（NATO）の関係者とも密接な結びつきを持つようになっていった。

そうした人脈づくりの努力にもかかわらず、一九六三年に行ったイタリア大東方会への入会申請はナチ・ファシストの前歴が災いして拒否されてしまう。しかし二年後の一九六五年に大東方会の大会所長ジョルダーノ・ガンベリーニはジェッリの入会を認めた。

そこには次のような経緯があった。ファシスト体制は大東方会の弾圧後その本部があったジュスティニアーニ宮殿を接収した。イタリア政府は一九六〇年にそれを大東方会に返還する。その交渉の仲介をしたのはCIAの代理人でもあるイタリア系アメリカ人のフランク・ジリオーニだった。じつは大東方会の大会所長ガンベリーニも彼をとおしてCIAの強い影響下にあった。他方、ガンベリーニは社会民主党員でもあった。そしてジェッリの入会を斡旋したのは同じ社会民主党員のP2会所長代理ピエトロ・アスカレッリだった。いいかえるとジェッリは

ＣＩＡと社会民主党という二つの相異なる人脈を利用することにより晴れてフリーメイソンに入会することができたのである。

しかも、驚いたことには、わずか五年後の一九七〇年には、ガンベリーニの後任を選ぶ大会所長選挙において、新たな大会所長となるリーノ・サルヴィーニの選出に寄与した見返りとして、すでに述べたようなＰ２の全権委譲をされることになったのである。

ジェッリは直ちに精力的な新入会員の発掘に努めた。なかでも秘密諜報機関や陸海空三軍の将官が重要な勧誘の対象となった。一九七二年には四〇〇人もの会員がいたといわれている。どんなに大きな会所でも二五〇人を超えることがなかったので、すでにイタリアでは最大で最強の秘密結社となっていた。そのため大東方会との間に対立が生じ、一九七四年に大会所長はＰ２の解散を命じる。だが結局は大会所長の方が折れ、一九七五年には「尊師」（マエストロ・ヴェネラービレ）の称号がジェッリに授けられることになった。

それまでＰ２への入会儀式は元大会所長ガンベリーニを共同立会人としていずれかのフリーメイソンの会所で行うものとされてきた。しかしジェッリはローマのヴェネト通りにあるホテル・エクセルシオールの彼の部屋で入会儀式を済ませるようになる。それどころか氏名だけが空欄の入会申請書を少なくとも四〇〇枚は用意していたといわれている。ふつうフリーメイソンの会員には会所の活動内容を知ったり他の会所を訪ねたりする権利があり、何よりも定期的に会合を開く義務があった。ところがP2にはそうした権利や義務が一切なく、誰が会員であるかを知っているのもジェッリだけだった。ごく短期間のうちにP2は二四〇〇人もの会員を擁する、しかもすべてがジェッリの意のままとなる、文字通りの秘密結社と化したのである。

不気味な政治結社

さて、ここで、あらためて一九八一年三月一七日にP2の会員名簿が発見された時にまで、話を戻すことにしたい。アルナルド・フォルラーニ首相は名簿の公表を二カ月も躊躇する。だが五月二〇日に公表するや否や一大スキャンダルとなって政権は崩壊した。そして六月二八日には戦後のイタリアで初めてキリスト教民主党ではない共和党の首相が率いるジョヴァンニ・スパドリーニ政権が誕生することになった。ところが、七月四日にリオデジャネイロからローマのフィウミチーノ空港に帰国したジェッリの次女マリア・グラツィアの二重底となっていたスーツケースから捜査当局によってさらに驚くべき資料が発見されたのである。「イタリアの政治情勢に関する覚書」と「民主主義の再生計画」である。

おそらく一九七五年から七六年ごろにかけて作成されたと思われるが、不気味としかいいようのない政治綱領的な文書であった。というのも、ここに掲げられた綱領のいくつかが、さまざまな紆余曲折を辿りながらも、その後実現されることになったからである。

一九七五—七六年といえば、すでに述べたように、共産党が「歴史的妥協」を掲げて大躍進を遂げた時期であった。三大労組(第4章を参照)がスカーラ・モービレを経営者側から勝ち取ったのも一九七五年のことであった。しかもキリスト教民主党には共産党との協力に前向きなアルド・モーロのような有力者もいた。したがって共産党の政権参加を阻止することが当面する最大の課題とされていた。

だが、それだけではなかった。というのもイタリア共和国憲法の改正が中長期的な目標として掲げられていたからである。「民主主義の再生」とは、もはや軍部のクーデタといった伝統的な手段で国家転覆を実現するのではなく、現行憲法体制の諸制度に浸透していってその内側から換骨奪胎を図ることを意味していた。まさにそれはクラクシが唱えることになる「大改革」とも相呼応するような政治改革に他ならなかった。選挙制度改革、上院改革、司法制度改革、そして共産党を除く一方、極右政党を加えて政党制を再編し、左右からなる二大政党制を構築することが提起されていた。それだけではなくロータリー・クラブのようなクラブ形式による政党構造の刷新も唱えられていた。さらにはマスメディアの征服を戦略の要とする一方、その一環として公共放送ＲＡＩによるテレビ放送の独占の廃止まで掲げられていたのである。

ところが「民主主義の再生」といいながらも、それはとても尋常とは言い難い手段によって実現されるとしていた。すなわち三〇〇億から四〇〇億リラもの工作資金を調達し、それを賄賂に使って政党、マスメディア、労組の中心にいる人物を抱き込むことにより、それらの組織の頂点を征服するという戦略が考えられていた。

例えば、イタリアで最大の発行部数と影響力を誇る日刊紙『コッリエレ・デッラ・セーラ』の乗っ取り工作は、次のようにして行われた。大手出版社を経営するアンドレアとアンジェロのリッツォーリ父子は一九七四年に同紙の株式買収に着手するが、圧倒的な資金不足に陥ってしまう。ところが一九七五年にアンジェロ・リッツォーリと出版部長ブルーノ・タッツァン・ディンは、ジェッリの腹心であるウンベルト・オルトラーニの勧めでP２に入会する。そうすると一九七七年には、リッツォーリ出版社の資本金が五一億から二五五億リラにまで増資された。そして同社による『コッリエレ・デッラ・セーラ』紙の乗っ取りも成功する。それによって、映画監督ピエル・パオロ・パゾリーニの評論を掲載するなど進歩派として定評のあった編集長ピエーロ・オットーネは辞任を余儀なくされ、後任にはP２会員のフランコ・ディ・ベッラが就任し、編集方針は大きく右旋回した。それどころか、ジェッリ自身が一九八〇年一〇月五日付の同紙に公然と姿を現し、後にベルルスコーニのテレビで司会者として活躍するマウリツィオ・コスタンツァのインタヴューを受けるなかで、自分が人形たちを操る「人形遣い」(ブラッティーノ)だと豪語することにさえなったのである。

それではリッツォーリ社の資本金増資の原資は、いったいどこからもたらされたのであろうか。

迷宮入りとなる責任

それはP２やシンドーナとも密接な関係を持っていたマルチンクス大司教が実権

を握るヴァチカン銀行からの出資であった。ヴァチカン銀行とP2の関係については、アンブロジアーノ銀行の倒産とその頭取の暗殺という劇的な形をとって世間に暴露されることになった。この銀行は一八九六年にミラノで創立された由緒ある銀行でカトリック界と深い結びつきを持っていた（行員には信仰告白と洗礼証明書が求められた）。それゆえ頭取のロベルト・カルヴィがヴァチカン銀行と結びつき、「神の銀行家」と呼ばれるようになるのもある意味では必然的な成り行きといえた。ところが彼もじつはP2会員であり「マフィアの銀行家」シンドーナとも結託してヴァチカン銀行による不正金融操作に関与し続けたのである。そして彼の銀行は巨額の負債を抱えてしまい、不正経理操作で有罪判決を受け控訴中の一九八二年六月一二日に国外逃亡を企てた。しかし六日後の六月一八日、カルヴィはロンドンのテムズ川のブラックフライアー橋のたもとで首吊り死体となって発見される（当初は自殺とされたが二〇〇五年には殺人事件として五人の被告の裁判が始まった。だが証拠不十分として二〇一〇年に無罪が確定し結局は迷宮入りとなってしまう）。

すでに述べたように、P2会員名簿の発覚によりイタリアの政界は文字通り大混乱に陥り、スパドリーニ政権が誕生した。そして一九八一年九月二三日には「フリーメイソン会所P2の活動に関する」議会調査委員会が設置された。そして一九八三年三月八日に調査は終わり、翌年には九万三七七六頁、全一一五巻にも及ぶ報告書が公刊された。調査委員会は、P2がマフィアにも類する「沈黙の掟」(オメルタ)を持つ秘密結社であり、国家転覆や国家改造を企てた民主主義と国民の利益に反する陰謀結社だと認定し、議会もその解散と非合法化を決議した。サンドロ・ペルティーニ大統領(社会党)もP2が「犯罪のための結社」だと非難した。それにもかかわらず、氏名が明らかとなったP2会員の法的責任はおろか道義的責任が問われることも一切なかったのである。

2 メディア帝国

新興の労働騎士

シルヴィオ・ベルルスコーニがジョヴァンニ・レオーネ大統領から労働騎士の勲章を授与されたのは一九七七年一〇月一四日のことである。授与が伝達された六月二日の時点ではまだ四〇歳の若さであった。授与式の記念写真を見ると、いくばくか額は後退し始めたものの、まだ襟足に長髪をなびかせるだけの髪の毛があり、ダブルのダークスーツをりゅうと着こなす、若くてハンサムで自信がみなぎる青年実業家の風貌を漂わせていた。

だがミラノを一歩離れれば、まだ無名の新興成金に過ぎなかった。それでも一九七六年にエウジェーニオ・スカルファリによりローマで創刊されたばかりの中道左派系日刊紙『レプッブリカ』のインタヴューを受けて、こんな風に述べている(一九七七年七月二五日付)。自分は縁故もなく後ろ盾もなく誰からの助けもないまま一九六〇年代に登場した新しい企業家の第一世代である。それまで王朝を築いてきた企業家たちが没落したのは誇りをなくしたからだ。危ういと感じれば、すぐに資本を外国に逃避させて、じっと嵐が過ぎ去るのを待とうとする。これでは企業家というよりはたんなる経理担当者にすぎない。

こうした自画自賛だけではなく、このインタヴューでは、いっぱしの評論家気取りで自説を披露していた。政権参加が取り沙汰されていた共産党に関しては、極左を野放しにしないためにも、それなりの役割があることは認めよう。だが政権参加というのなら民主主義を認めるというだけでは不十分だ。今の共産党は分裂している。まだ下部党員はソ連モデルに魅力を感じており、誰もが腹一杯食える社会の夢を追っかけている。いつかは共産党のみんなが社会民主主義者となることを期待している。そうなれば共産党も政権に参加することができるであろう。

しかし、いま自分が切に願っていることは、共産党の政権参加などではなく、社会党の政権復帰が可能となるようにキリスト教民主党が変わることである。たしかに自分は実業家だが夢もある。すなわち、汚職とは縁のない清潔な手、単純にして明快な理念、それをみんなに分かってもらえるようにする能力、そうしたものを兼ね備えた、何一つ後ろ暗いところのない新しい政治階級の出現を願ってやまない。

こうした発言からもベルルスコーニが、反共産主義を基軸とした、キリスト教民主党に社会党が協力する連立政権の成立を望んでいたことは明らかだった。彼が、一九〇九年の生まれで『コッリエレ・デッラ・セーラ』において長年にわたり健筆を揮ってきた保守派ジャーナリストの大御所であるインドロ・モンタネッリに接近しようとしたのも、そうした理由によるものであった。モンタネッリは〝左傾化〟した『コッリエレ・デッラ・セーラ』に辞表を出し、一九七四年にはミラノで新たな日刊紙『ジョルナーレ』を創刊した。一九七六年総選挙では、共産党の大躍進を阻止するため「鼻をつまんででもキリスト教民主党に投票しよう」と呼びかけていた。

ところがモンタネッリは一九七七年六月二日に赤い旅団による〝ひざの狙い撃ち〟(ガンビッザーレ)で重傷を負う。ベルルスコーニはモンタネッリの病床に駆けつけ無事な姿を見て涙したという。すでに彼は経営難に陥っていた同紙の株式を一二%所有していた。一九七九年には三七・五%の株式を、一九八七年には過半数の株式を取得して完全に自らのメディア帝国の傘下に収めることになる(ベルルスコーニが盟友と頼む社会党のクラクシをモンタネッリは容赦なく批判しつづけたため両者の関係は決裂してしまう。モンタネッリは一九九四年に日刊紙『ヴォーチェ』を創刊するが、一年足らずで廃刊となった)。

さらにつけくわえるならば、ベルルスコーニは、一九七七年一一月二一日に首相や幹事長を歴任したキリスト教民主党右派の重鎮アミントーレ・ファンファーニ上院議長がミラノを訪れた時にも、わざわざ表敬に赴いている。ベルルスコーニ自身は政治家になる意志は毛頭ないといいつつも、共産党の政権参加阻止を合言葉にすることで、キリスト教民主党の右派や社会党の有力政治家に接近を図ろうとしていたことは間違いなかった。

P2への入会

だが、それだけではなかった。じつはその二カ月後の一九七八年一月二六日、ベルルスコーニはローマでフリーメイソンの秘密結社P2に入会していたのである(会員証番号一八一六、コード番号E・一九・七八、グループ番号一七、冊子番号〇六二五)。もちろん、この事実は、一九八一年三月にP2の会員名簿が偶然発見されるまで、誰も知る由がなかった。そして、その発覚後に設置された「フリーメイソン会所P2の活動に関する」議会調査委員会が一九八一年一〇月二六日に行った尋問に対して、ベルルスコーニはおおよそ次のように答えていた。

> リーチョ・ジェッリの勧めで一九七八年にP2に入会はした。だが彼と会ったのはたったの二回である。いずれにせよ自分はP2ではなくイタリア大東方会に入会したと思いこんでいた。また入会金も支払っていない(その後入会金一〇万リラの領収証が発見される)。会員証は受け取ったが、今ではどこにしまってあるのかも分からない。入会儀式もなかったし、他の会員と交際したこともなければ、会合に出席したこともない。自分の階級は徒弟(アプレンディスタ)だった。

入会はしたものの、その後フリーメイソンのことなどすっかり忘れてしまったということだけは言い添えておきたい。

その後、彼の不正資金疑惑を追及した本を著した二人のジャーナリストを名誉毀損で一九八八年に訴えた裁判では、P2に入会した正確な年月も覚えていなければ、入会金も支払っていないと証言した。そのために、一九九〇年にヴェネツィアで行われた控訴審では偽証罪で有罪判決まで受けたが、たまたま実施された恩赦によって無罪となった。

ところが、もっと後になると、P2会員となったことは一度もなく、会員証が送られてきたが突き返したと言ってみたり、P2といってもロータリー・クラブやライオンズ・クラブと同じような、ごくありきたりの社交クラブに過ぎなかったと言ったりするようになる。

それでは、ベルルスコーニにとって、P2は本当にその程度のものでしかなかったのであろうか。じつは、そんな生易しいものではなかった。なぜならば、ベルルスコーニがP2に入会したのとほぼ軌を一にしてフィニンヴェストも正式の持株会社になっていたからである(既に一九七五年に設立されていたが、正式の持株会社となったのは一九七九年一月二六日で、本社はミラノにおかれ、代表取締役には当時七八歳の弁護士ウンベルト・プレヴィティ、すなわちチェーザレの父親が就任した。ベルルスコーニが社長となって公の舞台に姿を現すのは同年七月のことであった)。

しかも当時は国家持株会社省の傘下にあったイタリア最大の銀行である国立労働銀行に属す

る二つの信託会社が、ベルルスコーニのような新興成金が名義を借りながら関連企業の清算や合併を繰り返して立ち上げようとしていた怪しげな持株会社の出資者かつ創業者(名義人)となることを受託していた。そんな不可思議なことが可能となったのも、国立労働銀行の頭取アルベルト・フェラーリを含む九人もの役員がP2の会員だったからだとしか考えられなかった。それればかりか、一四七二年に創業された由緒ある大手民間銀行モンテ・デイ・パスキ・ディ・シエナも一切の危険を顧みることなく寛大な条件でフィニンヴェスト社に巨額の融資を与えつづけた。その頭取であるジョヴァンニ・クレスティもP2の会員でありジェッリの盟友だったのである。

まだ無名の新興成金にすぎない「労働騎士」がさらに巨額の資金調達をするには、政財界の閉鎖的で排他的なエスタブリッシュメントのいずれかのサロン(ブオニ・サロッティイ)に割って入ることが何としてでも必要だった。そして、そのきっかけを与えることになったのが「人形遣い」ジェッリの操る秘密結社P2に他ならなかったのである。

こうした金融面での支援のみならず、ジェッリはベルルスコーニが始めたばかりの民間テレビ放送「カナレ・チンクエ」にも多大な便宜供与を行っていた。ジェッリは一九七一年以来、当時スペインに亡命中であったアルゼンチンのファン・ペロン元大統領と親密な交際を続けてきた。そして一九七三年にウルグアイで軍事クーデタが起こると、ジェッリはこの国でも軍部独裁政権とのあいだに密接な関係を築きあげることに成功する(農場や不動産や銀行の株式を所有し、首都モンテビデオには軍部独裁政権から提供された豪壮な邸宅があった)。その一方で、かつては南米のスイスといわれた人口わずか三〇〇万人の国は、苛酷な弾圧により七〇〇〇人もの人々が投獄され、五〇万人もの人々が亡命するという地獄絵さながらの状況となっていた。さしもの軍部独裁政権も、それには危機感を抱き、一九七六年には文民のアパリシオ・メンデスを大統領に選んだ。そしてメンデス大統領は自らの大統領就任を正当化するため、一九八〇年一一月三〇日に憲法改正の国民投票を実施するとした(この国民投票は四二・八%の支持しか得られず結局は失敗に終わる)。

その一方で、サッカー・ワールドカップの五〇周年を記念し(一九三〇年に開催された第一回大会の優勝国はウルグアイであった)、一九八〇年一二月三〇日から八一年一月一〇日にかけて、モンテビデオで国際親善サッカー大会「ムンディアリート」を開催すると発表したのである。この大会には過去に優勝した六カ国が招待された。しかし一九六六年大会に優勝したイングランドが出場を拒否したため、その代わりに一九七四年と七八年の準優勝国であるオランダが参加することになった。こうして参加国はウルグアイ、イタリア、西ドイツ、ブラジル、アルゼンチン、オランダの六カ国となった。

ムンディアリートが、ウルグアイの軍事独裁政権が圧政を糊塗し自国の平和と安定を世界に向けてアピールするために仕組んだ胡散臭い政治的イベントであるということは、歴然としていた。それればかりか巨額のテレビ放映権料収益という利権まで絡んでいた。すでにウルグアイ・サッカー連盟は、ギリシャからの移民であったウルグアイ人の家畜食肉輸出入業者アンジエロ・ヴルガリスがこのためにパナマのタックス・ヘイヴン(租税回避地)に設立したペーパー・カンパニーのストラサドに、独占放映権を与えていたのである。

ヨーロッパで率先してムンディアリートの大々的な宣伝活動を始めたのはイタリアの新聞であった。『コッリエレ・デッラ・セーラ』やイタリア最大の発行部数をもつスポーツ紙『ガッゼッタ・デッロ・スポルト』が先頭に立って口火を切ったのである。いずれもジェッリのP2によって乗っ取られたリッツォーリ出版社が発行する新聞であった。

そして、先述したストラサドなるパナマ籍の会社は、一九八〇年一一月二〇日、スイスのジュネーヴで、レーテ・イタリアというフィニンヴェスト傘下のテレビ番組制作会社に対して、欧州(西ドイツ、オーストリア、オランダ、スイス、ギリシャ、ポルトガル、デンマーク、ノルウェー、スウェーデン)での独占放映権を、たった七試合の放送をするだけで九〇万ドル(一〇億リラ)という当時としては破格の高値で譲渡する契約に調印したのである(それまでRAIが契約した放映権料と比べて七倍も高かった)。

ベルルスコーニがこれほどまで大胆な行動に打って出ることができたのは、いうまでもなくジェッリが背後から支援していたからであった。P2の「民主主義の再生計画」にはRAIによるテレビ放送の独占の廃止が掲げられていたが、さしあたっては、まさにこうした具体的な実績を積み重ねるなかで、RAIの独占に風穴を明けようとしていたのである。

衛星通信をめぐって

しかし、難しい問題がカナレ・チンクエの前には立ちはだかっていた。というのもカナレ・チンクエには、まだモンテビデオから国際テレビ中継をするための衛星通信システムに対応できるだけの能力がなかったからである。それゆえRAIが有する既存の衛星通信システムに相乗りさせてもらう以外に方法はなかった。当然のことながらRAIは頑強にそれを拒んだ。やむなくベルルスコーニは郵政大臣ミケーレ・ディ・ジエージにRAIとの協定の締結を申し入れたが、これも即座に拒絶されてしまった。

そうすると、あらためて『コッリエレ・デッラ・セーラ』や『ガッゼッタ・デッロ・スポルト』、またベルルスコーニが所有する『ジョルナーレ』などによって、数百万人のサッカー・ファンの楽しみをRAIの独占利益のために犠牲にするなという猛烈なキャンペーンが開始されたのである。また、それにはクラクシが書記長を務める社会党の機関紙『アヴァンティ!』まで加わっていた。

しかも、ウルグアイの軍事独裁政権が一九八〇年一一月三〇日に実施した憲法改正の国民投票はこのときすでに失敗に終わっていた。そのためムンディアリートは、ウルグアイの軍事独裁政権のみならず、その利権構造と深く癒着していたジェッリのＰ２にとっても、もはや絶対に失敗が許されない最重要の政治イベントとなっていた。

そしてムンディアリート開催のわずか一〇日前の一二月二〇日、奇跡が起こった。ジエージ郵政相は、ＲＡＩとの合意を条件にカナレ・チンクエが衛星通信システムを使用することを認めるとし、郵政相自らイタリアの数百万人のスポーツ・ファンを代表して両者の合意の達成に努力するという声明を発表したのである。こうして郵政相の「英明なる仲介」により、ロンバルディアではカナレ・チンクエが、それ以外の地域ではＲＡＩが実況中継を行うという合意が実現することになった（またそれがベルルスコーニの考えていた「落としどころ」でもあった）。

一二月一九日から二〇日にかけて郵政相の周辺で大きな動きがあったことは間違いなかった。ジエージ郵政相は社会民主党員だった。社会民主党のピエトロ・ロンゴ書記長とレナート・マッサーリ副書記長はＰ２の会員であった。またＲＡＩ会長のセルジョ・ザヴォーリはクラクシが書記長を務める社会党の党員だった。そしてＲＡＩ副会長のジャンピエーロ・オルセッロは社会民主党員にしてＰ２の会員でもあった。それが何を意味するかは言を俟（ま）たない。きっと彼らのあいだでは、おそらく第三者も加わり、夜を徹して激しい議論が交わされたことであろう。

ところで一九八一年三月一七日にコロンボとトゥローネはＰ２の会員名簿とともに、もう一つ重要な資料を発見していた。それはアンブロジアーノ銀行のカルヴィ頭取(Ｐ２会員であった)から一九八〇年一〇月二八日にスイスのルガーノにあるＵＢＳ銀行の「秘密」口座に振り込まれた三五〇万ドルもの巨額の送金通知票である。この日付はまさにムンディアリートをめぐる大キャンペーンが開始される時期と一致していた。また、そこにはムンディアリート終了後の一九八一年二月三日には、さらに同額の振り込みがなされると記されていた。受取人の名義は建築家で社会党員のシルヴィオ・ラリーニだったが、その本当の受取人がクラクシ書記長であることは明らかであった。ラリーニはベルルスコーニがミラノ・ドゥエを計画していたころにミラノ周辺都市計画局の局長を務めており、彼こそがベルルスコーニをクラクシに引きあわせた張本人だった。

たしかに社会党のクラクシ書記長や、若くてハンサムで人気のあったクラウディオ・マルテッリ副書記長(一九四三年生まれ)はＰ２の会員ではなかった。だが二人は政治資金の調達のために、ジェッリがローマの定宿としていたホテル・エクセルシオールを足繁く訪れていた。他方、ジェッリもクラクシがローマの定宿としていたラファエル・ホテルを訪れていた(このホテルの支配人のスパルタコ・ヴァンノーニもＰ２会員だった)。クラクシの社会党とジェッリのＰ２はもはや切っても切れない関係にあったといっても過言ではなかった。

ベルルスコーニのメディア帝国は、クラクシの社会党とジェッリのP2と結びつくことによって、あっという間に驚異的な成長を遂げることになった。そうした彼の成功を象徴的に示していたのが子供の時からの夢でもあったサッカー・チームACミランの買収である。一九八六年七月一八日、ミラノのサン・シーロ・スタジアムに、ワグナーの『ワルキューレの騎行』が鳴り響くなか舞い降りてきた三機のヘリコプターからベルルスコーニと選手たちが颯爽（さっそう）と現れ、新たなACミランの復活を告げたのである。ACミランは八百長疑惑で会長が永久追放となって一九八〇―八一年のシーズンにはセリエBに降格されるなど長期にわたり危機的状態に陥っていた。

ACミランの「救世主」

ベルルスコーニはそうしたACミランの救世主として立ち現れたのである。そして当時としては史上最高額の移籍金を投じてオランダからマルコ・ファン・バステンとルート・フリットを獲得し、買収の翌年の一九八七―八八年のシーズンにはリーグ優勝を果たした。また一九八八年にはオランダからフランク・ライカールトも獲得した。そしてアッリーゴ・サッキ監督が採り入れた新たな戦術とオランダ・トリオの活躍が功を奏して、一九八八―八九年のUEFA（ヨーロッパ選手権）チャンピオンズ・カップでは見事に栄冠を勝ち取った。一九八九五月二四日にバルセロナで行われた決勝戦には二万六〇〇〇人ものファンが、一機のチャーター機、一隻のチャーター船、四五〇台のバスに乗って応援に駆けつけた。ACミランは一九八九―九〇年のＵＥＦＡチャンピオンズ・カップでも優勝し連覇を果たした。

このようにしてＡＣミランは黄金期を迎えることになる。ＡＣミランの赤と黒（ロッソネーロ）の縦縞のユニフォームが、ミラノを越えたイタリア全体を代表するものとなった。それによって夢を売るビジネスマンとしてのベルルスコーニの名声も一気に高まった。また、それは高い視聴率と莫大な広告料収入をベルルスコーニのテレビにもたらした。それればかりかＡＣミランは、その後政界に進出するベルルスコーニがメディアによる大衆宣伝や世論誘導のノウハウを実地で学んでいくための重要な訓練基地となったのである。

ベルルスコーニは、ＡＣミランの買収だけではなく、すでに一九八四年には保険会社メディオラヌム、一九八八年には大手スーパーマーケット・チェーンのスタンダを買収するなど保険金融業や小売流通業にまで進出していた。強引なまでに異業種への新規参入と経営の多角化を図ろうとし、それればかりか海外進出まで目指していた。社会党のクラクシ書記長からフランスのフランソワ・ミッテラン大統領を紹介されて、一九八五年にはフランスの民間テレビ放送局ラ・サンクを買収した。ところが翌年にジャック・シラク「保革共存」（コアビタシオン）政権が誕生したため政治的な後ろ盾を失ってやむなく撤退した。だが、社会労働党のフェリーペ・ゴンサレス首相の長期政権下にあったスペインにおいて、同じくクラクシ書記長の仲介により一九九〇年に開設した民間テレビ放送局テレシンコは成功を収め、その後も大きなシェアを占め続けることになった。

そして一九九一年にはイタリア最大の出版社であるモンダドーリ社の買収に成功する。同社をめぐっては、当時オリヴェッティ社の社長であったカルロ・デ・ベネデッティとの激しい争奪戦となったが、裁判所の仲裁によってベルルスコーニのものとなった。モンダドーリ社は有力週刊誌『パノラマ』などを持ちイタリアの書籍市場の三〇％を支配する超大手出版社だった。ベルルスコーニのメディア支配は民間テレビ放送の独占から始まったが、こうして新聞さらには週刊誌や一般書籍の分野にまで拡大することになった（その後仲裁をした裁判官への贈賄が発覚したことから、モンダドーリ社の買収をめぐる争いは続いた。二〇〇七年にはこの件でのベルルスコーニ側の有罪が確定し、二〇一五年には民事訴訟でもデ・ベネデッティ側に対する巨額の賠償金の支払いが命じられることになった）。

最後に、ベルルスコーニのメディア支配が生みだした新たな状況を端的に示す例を一つだけあげておくことにしよう。それはファシスト体制下の一九三三年にトリノでジューリオ・エイナウディ（イタリア共和国第二代大統領となる自由主義経済学者ルイージ・エイナウディの長男）が創設したエイナウディ出版社が経営難のため一九九四年にモンダドーリ社の傘下に入ってしまったことである。アントニオ・グラムシの『獄中ノート』を刊行するなどイタリアの知性を代表する進歩的かつ良心的な出版社までもが、じつはベルルスコーニのメディア帝国の支配下で生き残りを図らざるをえなくなっていたのである（しかし幸いなことに編集権への介入はまだないといわれている）。

3 北部同盟

冷戦の崩壊

一九九〇年頃には、ベルルスコーニは新興実業家として自らが望むものはほぼすべて手に入れていたといえよう。不動産建設業界での成功、全国紙の所有、保険金融業界や小売流通業界への進出、ACミランによる名声、そして民間商業テレビ放送の独占、さらには出版業界での支配的地位の獲得。しかも、彼の政治的な後ろ盾には、当時はその名字の頭文字をとってCAF（カフ）と呼ばれていた、社会党のクラクシ書記長、キリスト教民主党のアンドレオッティ首相、同じくキリスト教民主党のフォルラーニ幹事長という三人の実力者がひかえていた。だが異業種への積極的な新規参入と経営の急激な多角化の一方で、巨額の債務が累積していった。不透明な経営実態と莫大な債務は、飛ぶ鳥を落とす勢いの新興実業家ベルルスコーニのアキレス腱（けん）であった。しかしベルルスコーニは、強力な政治的庇護の下にある限り、それが露呈したり、ましてや経営破綻に陥ったりするようなことはよもやあり得ないと信じて強気の経営方針を貫きとおした。もしCAFによる政治支配が安定し長期間持続していたならば、ベルルスコーニが政界に出馬することもなかったであろう。

ところが、あにはからんや、ちょうどその頃から、イタリアは戦後数ある危機のなかでも最大級の危機に陥る徴候を示し始めていた。いうまでもなく一九八九年一一月九日のベルリンの壁崩壊による東西冷戦構造の崩壊はイタリアの国内政治に甚大な影響を及ぼした。

イタリア共産党は西欧最大の組織力を誇りユーロコミュニズムを唱えてソ連・東欧諸国とは異なる社会主義像を示すことで大躍進を遂げることに成功してきた。だが、さしもの共産党も、「歴史的妥協」のキリスト教民主党側の対話者と頼みにしてきたアルド・モーロの暗殺によって「国民連帯」政府が頓挫（とんざ）して以降、あらためて野党に転落しただけではなく、クラクシの社会党が仕掛けたイデオロギー論争（マルクス・レーニン主義政党批判）に明確な反論ができなかったこともあって、戦略上の新機軸を打ち出しあぐねていた。

しかも絶大な人気を博してきたエンリコ・ベルリングェル書記長が一九八四年六月七日、パドヴァでの演説中に脳溢血（いっけつ）を起こし四日後に六二歳で亡くなった。六月一三日にローマで行われた葬儀にはサンドロ・ペルティーニ大統領を始め一〇〇万人を超える人々が参列した。それればかりか六月一七日に実施された第二回欧州議会選挙において共産党は三三・三％の得票率を獲得し史上初めてキリスト教民主党（三三・〇％）を追い越した（とはいえ一九七六年総選挙で獲得した史上最高の得票率三四・四％には及ばなかった）。そして、それが共産党にとって最後の輝きとなった。

一九八八年に病に倒れたアレッサンドロ・ナッタから戦後五代目の共産党書記長を引き継いだのは一九三六年生まれのアキッレ・オッケットだった。オッケットはベルリンの壁崩壊からわずか三日後、ボロニーニャ地区共産党のパルチザン闘争四五周年記念集会において、もうイタリア共産党は名称を変えると告げた。それはイタリア共産主義の最良の部分を救い出しておき、いずれ取り戻すためだとした。ところが具体的な段取りも名称も示されなかった。そのため党内は大混乱に陥った。ナンニ・モレッティ監督はとまどう党員たちをテーマとする一九九〇年のドキュメンタリー映画に『物』(ラ・コーザ)というタイトルを付けた。輝かしい栄光の歴史を持つイタリア共産党がもはや名もなき「物」となってしまったと皮肉ったのである。事実、一九九〇年には全体の一一%に相当する一五万六〇〇〇人もの党員が離党した。

一九九一年一月三〇日に共産党としては最後となる第二〇回党大会がリミニで開催された。そして二月三日にはオッケット書記長の提案が六八%の賛成を得たことにより、進歩主義と改良主義を党是とする左翼民主党が誕生することになった。新たな党章には樫の木が選ばれた。ただし赤地に鎌と槌(つち)が描かれた共産党の党旗も小さくはなったが残された。とりあえず党名を変えることにより、マルクス・レーニン主義の暗くて重たい古着を脱ぎ捨てたとして、イタリア共産党はいち早く変身を遂げることに成功した。だがそれと同時に親ソ連派のアルマンド・

コッスッタや左派のピエトロ・イングラオなどからなる反対派(二七%)の離党という大きな犠牲を払うことにもなった。そしてイタリア共産党の党名と党章の存続を唱える反対派は一二月一五日に共産主義再建党を設立した。

ロンバルディア同盟

東西冷戦構造の終焉は、ある意味ではイタリア共産党以上に大きな影響をキリスト教民主党に及ぼすことになった。というのも、この政党の伝統的な地盤であったイタリア北部において大きな地殻変動が起こり始めたからである。ピエモンテ州からロンバルディア州をへてヴェネト州に至るアルプス山脈以南の山麓や丘陵からなる農村地帯では一九世紀の半ば以降、カトリック教会の教区司祭が中心となって小自作農を組織したカトリック運動が隆盛となった。敬虔かつ勤勉なカトリック信者たちは、教区司祭の指導する教会組織を中心として、農民組合、労働組合、農村金庫、共済組合、生活協同組合、余暇組織、新聞、雑誌などが織りなすカトリック・サブカルチャーの強固なネットワークを築き上げていた。

そして、その伝統は第二次大戦後も存続した。共産党がイタリア中部(エミーリア・ロマーニャ州、トスカーナ州、ウンブリア州)に築き上げた「赤い地帯」(ゾーナ・ロッサ)と対比的に、そうした地域は「白い地帯」(ゾーナ・ビアンカ)と呼ばれた。「白い地帯」の有権者は、カトリック・サブカルチャーのネットワークをとおしてキリスト教民主党に強い一体感を抱くとともに安定した票田を提供し続けてきた。

ところが一九八〇年代後半から「白い地帯」で大きな地殻変動が生じる。一九八二年にウンベルト・ボッシという、当時は四一歳の無名の青年が創設したロンバルディア同盟(レガ・ロンバルダ)が急成長し始めたからである。この名称には歴史的な由来があった。ロンバルディア同盟は北イタリアの二〇の教皇派(グエルフ)都市が結成したもので、一一七六年のレニャーノの戦いでバルバロッサ(赤髭王)こと神聖ローマ皇帝フリードリヒ一世を破り自治権を獲得したことによる(ジュゼッペ・ヴェルディは『レニャーノの戦い』と題するオペラを一八四九年にローマで初演している)。

ボッシは自らの運動にこれと同じ名称を与えたばかりか、その戦いの伝説的な英雄であるアルベルト・ジュッサーノをそのシンボル・マークとした。皮肉なことに、ボッシが発掘した故事は、キリスト教民主党のシンボル・マークの由来とするところでもあった。白い楯に自由(リベルタス)の文字が記された青い十字架をあしらった党章は、まさにそうした栄光の歴史をもつロンバルディア同盟に因んだものだったからである。

ロンバルディア同盟は、その宣言文によれば、ロンバルディアが固有の歴史、文化、言語、価値観を有する一つの民族すなわちエスニシティであると確認することを基本的な出発点としていた。ロンバルディアは、ローマの中央集権政府に蹂躙(じゅうりん)され搾取されることにより、もはやいかなる政治的価値もない地理的な表現に過ぎないものとなってしまった。同様に、ロンバルディア人も、ユートピア的な幻想でしかない同質的な「イタリア人」を創出しようとした国民国家に組み込まれてしまうことによって、政治的アイデンティティーなき大衆となってしまった。しかもローマが率いる国民国家は出口の見えない慢性的危機に陥っている。しかし、ロンバルディアはもしイタリアという擬制の国民国家に組み込まれていなければ、こうした危機の道づれとされることもなく、ヨーロッパの水準に止まりうる能力を持っていたはずだ。それゆえ、ロンバルディアをローマの中央集権国家から解放して、その自治権を回復しなければならない。

このようにしてロンバルディア同盟は、一八六一年にイタリア国家の統一を達成したリソルジメントの歴史のみならず、イタリア「民族」(ネイション)の存在そのものを否定した。そしてロンバルディアの自治権を回復するためにイタリア国家を自治州からなる連邦制国家に改編することを要求した。ここで興味深いことは、ロンバルディアの自治権要求がかつての民族運動のようにイタリア国家からのたんなる分離独立ではなく、むしろ欧州共同体(ＥＣ)による統合の拡大と主権の共有化を前提とした、今後のＥＣの実質的な構成単位となると考えられた「自治権をもつ地域」となることを目標としていたことであった。いいかえるとイタリアという主権／国民国家を媒介することなしにＥＣに直属するロンバルディア自治州を構想していた。それゆえロンバルディア同盟の連邦主義は、ＥＣ統合の拡大というきわめてアクチュアルなテーマを利用することによって、その論理的正当性を訴えようとしていた。

しかし、実際のところ、ロンバルディア「民族」の実在を心から信じているロンバルディア人は一人もいないといってよかった。一一〇〇年もの歴史をもつヴェネツィア共和国ならいざしらず、ロンバルディアという領域に単一の民族的アイデンティティーをもつ国家が成立したという歴史的な事実は一度もなかった。ヴィスコンティ家やスフォルツァ家が支配したミラノ公国も一五三五年にはスペイン領となり、一七一三年にはオーストリア領となってしまった。ごく短期間ではあるが、この領域に民族的アイデンティティーをもつ国家らしきものを見出すことができたのは、ナポレオンのイタリア遠征にともなって一七九七年に成立したチザルピーナ共和国ぐらいのものであった。

それにもかかわらずロンバルディア同盟は、民族的アイデンティティーの具体的な根拠はこの地域の方言にあるとした。そう定義することによってロンバルディア民族は、フランス語を母語とするヴァッレ・ダオスタ、ドイツ語を母語とする南チロルなどの少数言語民族と同じ条件下にあるとした。しかしロンバルディア方言が中央集権的な国民国家によってその歴史と文化が抑圧されたり抹殺されたりした「先住民族」や「少数民族」の言語と同じようなものだとする主張には、どう見ても無理があった。ロンバルディア州は、個人所得、就学率、第三次産業従事者比率などあらゆる社会経済的指標をとってみても、イタリアのみならずEC諸国でもトップ・クラスの富裕な地域だったからである。

しかしロンバルディア同盟の唱えるロンバルディア民族がじつは、きわめて恣意的に捏造(ねつぞう)された疑似民族にすぎないことが、彼ら自身の行動によって明らかにされることになる。また、それこそが、この運動が従来の民族／地域運動の殻を破りイタリア北部で大躍進を遂げることになる秘密でもあった。というのも、ロンバルディア同盟は、一九八九年にヴェネト同盟、自治主義ピエモンテ、リグーリア連合、エミーリア・ロマーニャ同盟と連合組織を結成することによって、北部同盟(レガ・ノルド)に改組されてしまったからである。ロンバルディア民族のアイデンティティーなどというものも、組織拡大のためには、いとも簡単に反故(ほご)にされた。そればかりかロンバルディア人の定義もロンバルディアに五年以上居住した者というきわめていい加減なものとなってしまう。

その結果、まさに方言によって識別できる南部出身者を差別し、蔑視するというネガティヴな形で自らのアイデンティティーを確認せざるをえなくなったのである。また北部同盟の成立によってロンバルディア方言だけを特別扱いできなくなった。そこで方言にかわり共通の絆となったのは「大衆言語」(ポピュラー・ランゲージ)だった。要するに、上品ぶったり格好をつけたりすることなく、ふだん自分が使っている土着の方言によって、むきだしの本音をためらうことなく直接的に表現すればよいということになった。

ボッシのパフォーマンス

そして、そうした大衆言語を誰よりもうまく操ることができたのが、ほかでもないウンベルト・ボッシだった。ボッシのタレントは、たとえ大統領やローマ教皇のような雲上人(うんじょうびと)に対してであれ、逆にイタリアの南部人や黒人移民労働者や女性のように建前としては差別がタブーとされている対象であれ、非難を恐れることなく本音を吐露するところにあった。ロック・ミュージシャンの風貌をしたボッシのパフォーマンスには、わざと差別用語や性的比喩を濫発する過激で攻撃的なコメディアンのギャグを連想させるところがあった。それが欲求不満のたまった聴衆には、ある種の爽快感(カタルシス)を与えることになったのである。

北部同盟となって以降、ボッシは民族／地域主義よりも「反ローマ」や「反政党」へと争点を移していく。戦後の政治体制と政治支配階級の非能率と頽廃(たいはい)を正面から攻撃するようになった。ここで動員されたのが北部の人々に根強く残る南部の人々に対する差別感情だった。有名なスローガンの一つは「南部人の政府は泥棒の政府」である。すなわち勤勉で裕福な北部人が納めた税金は、腐敗した政党が支配するローマの政府に吸い上げられたのち、それらの政党に群がる怠惰で寄生的な南部人にばらまかれている。だから北部人が自分たちの納めた税金を自分たちの地域だけで使える連邦国家が必要だとしたのである。

イタリアの南部の人たちに対する差別意識の一つの原型となったのは、二〇世紀初頭のアルフレード・ニチェーフォロによる人種理論であった。この「実証的」人種理論によれば、南部人はアフリカに起源をもつ短頭形頭蓋の地中海人種で、ユーラシア起源の北部人と人種的には全く異なる。南部人は身体的にも知能的にも道徳的にも北部人に劣り、先天的に怠惰で粗暴かつ犯罪者的形質をもった劣等人種である。ニチェーフォロはイタリア人の諸悪の根源を南部人に投射することによってイタリア人（南部人は除く）の人種的優越性を科学的に弁証しようとしていたのである。

もちろん北部同盟がこうした疑似科学的な人種理論をそのまま適用したわけではない。しかし北部同盟は、このようにステレオタイプ化された南部人の人種イメージを自らの政治プロパガンダに動員することによって、じつに巧みに民族／地域主義的な連邦論と「納税者の反乱」とを結びつけることに成功した。そして、一九九〇年の地方選挙ではロンバルディア州では得票率一八・九四％、ミラノ市では一二・九五％を獲得するという驚異的な大躍進を遂げたのである（合わせて六六七人もの北部同盟の地方議員が誕生した）。しかも北部同盟の得票のうち、じつに四〇％はキリスト教民主党支持者から得たものであった。こうしてキリスト教民主党の伝統的な牙城（がじょう）であった「白い地帯」が初めて内部から切り崩されるという地殻変動が始まったのである。

ロンバルディア州はイタリアで最も裕福な地域であった。また、それに次いで北部同盟が躍進を遂げたヴェネト州は「黄金の八〇年代」に地方都市の零細企業から身を起こした新興企業家を輩出した地域だった。イタリアで最も豊かな北部の人たちが、あえてボッシの荒唐無稽な地域「独立」運動を支持することで「納税者の反乱」を起こし始めたのである。それはキリスト教民主党からの離反をも意味していた。冷戦の終焉によって共産主義に対する砦としてのキリスト教民主党はもう無用の長物でしかなかった。一九九二年に始まるとされた欧州共同体の市場統合によって競争力のないイタリアが二流国の地位に引きずり落とされてしまうという不安の方が、ずっと大きな意味をもつようになっていた。

それにもまして北部同盟の伸長に大きく影響することになったのは、じつはシチリアにおけるマフィアの跳梁跋扈（ちょうりょうばっこ）であった。そのため北部同盟の反南部主義プロパガンダはさらに効果的となった。北部同盟への支持の拡大とマフィアに関する報道の増大との間には明白な相関関係があった。北部同盟は南部をマフィアと短絡させることで、いっそう容易に反南部主義プロパガンダを正当化することができたのである。

4 マフィア

マフィアはシチリアに起源をもつ犯罪結社である。すでにスペイン・ブルボン朝支配下の両シチリア王国には存在していたとされるが、ジュゼッペ・ガリバルディによってシチリアが征服されてから一七年後の一八七七年に、トスカーナ出身の若き二人の代議士シドニー・ソンニーノとレオポルド・フランケッティが公刊した調査報告書(特にフランケッティが著した『シチリアにおける政治と行政の状態』第一巻)をとおして、その存在が広く知られることになった。そして、想像を絶するほどの後進地域であるシチリアにおいて、マフィオーゾと呼ばれているマフィアの構成員は、たんなる暴力的な犯罪行為に専念する人々ではなく、沈黙と血の復讐の掟をもつ「名誉ある男」(ウオーモ・ドノーレ)として、支配階級からも自分たちの既得権益を守る必要上その役割が認知された存在であるとした。

マフィアの構造

イタリアを代表するパレルモ生まれの著名な民俗学者ジュゼッペ・ピトレ(一八四一―一九一六年)も、マフィアは犯罪結社などではなく、長年にわたる異民族支配の苛斂誅求(かれんちゅうきゅう)の中から生まれたシチリア固有の文化すなわち「シチリア性」(シチリアニタ)を表す伝統的な習俗ないし行為規範である。それゆえマフィオーゾが自称する「名誉ある男」についても、そもそも犯罪結社とは何の関係もない、ほんとうは同郷人でなければ理解し難いシチリア独自の文化に根差した諸個人の態度や心性を表したものに他ならないとした。

こうした文化論的解釈によりマフィアが神秘化されたばかりか正当化されてきたために、個人としてのマフィオーゾは存在しても犯罪結社としてのマフィアは存在しないという、奇怪かつ倒錯した論理に依拠した「物語」が、長きにわたり流布することになった。実際、カトリック教会が、パレルモ大司教サルヴァトーレ・パッパラルド枢機卿の口をとおして、暴力的な犯罪結社としてマフィアを公式に断罪するには、一九八二年を待たなければならなかった。シチリアのカトリック教会はマフィアの存在を虚構や誹謗中傷として否定した一方、実際にはそれぞれの地域を支配するマフィアとの親密な関係を維持しつづけた。

マフィアについては、シチリアも含むイタリア南部の穀作と放牧を目的としたラティフォンドと呼ばれる大土地所有制に特有の半封建的な農村社会の後進性の残滓であるとして、近代化が進んでいけば、いずれは消滅すると一般には考えられてきた。だが、もともとマフィアはシチリアの西部にしか存在しなかった。しかも柑橘類を英米に直接輸出する商品作物取引市場が発達した「コンカ・ドーロ」(黄金の盆地)と呼ばれるパレルモとその後背地に主要な発展の基盤を見出していた。マフィアはシチリアでは相対的に先進的な地域の産物であり、発達した都市と農村の境界領域、いわば近代性と後進性の差異を主要な資源として発展したものであった。すなわち伝統的な農村社会の「名誉」の規範のみならず、本質的には近代資本主義社会の「利潤」動機と強い親和性を持つ犯罪結社であった。それゆえ現代の資本主義社会に適応した「新しいマフィア」を「企業家」と見なし、伝統社会の「古いマフィア」との断絶を強調する見方には危険な落とし穴が潜んでいるといえよう。なぜならば、こうした二分法では、「古いマフィア」にはピトレが描いたような「名誉ある男」の神話が郷愁や憧憬(しょうけい)を込めて投影されがちとなり、ひいてはマフィアの文化論的解釈が無批判のままに繰り返し再生産されることになるからである。

マフィアは一九世紀も現代も、イタリアでも(またアメリカでも)、一定の「地域社会」を支配することによって成立する犯罪結社である。その基本的な手段は私的暴力の行使である。当該地域の住民にはマフィアによる「保護」か「脅迫」かの二者択一が迫られる。マフィアはそうした選別をとおして地域社会に非合法的な人間関係を構築する。さらに、この人間関係は、宣誓による入会儀式や位階制的な規律を持つ秘密結社の構造を備えていた(アメリカにもシチリアから直接こうした構造が持ち込まれた)。というのもマフィアは聖人信仰にもとづく伝統的な信心会や兄弟団あるいはリソルジメント期に広まったフリーメイソンの強い影響を受けていたからである。そればかりかマフィアの世界観や道徳観あるいは行為規範にはカトリシズムの伝統が色濃く反映されていた。

マフィアは秘密結社的な構造を備えることで、親子や兄弟といった血縁関係や代父(パドリーノ。ゴッドファーザーのこと)や婚姻をとおして築かれた姻戚関係を結束力の基軸としつつも、それを越えた外部の人々、さらには地域の有力者をもその内部に取り込むことが可能となった。

マフィアは無法者だけからなるたんなる暴力団ではなかった。マフィアの大きな特徴は、階級横断的な性格を持つことであり、無法者だけではなく、地域の支配エリートをも含むいわば会員制社交クラブでもあり、れっきとした企業経営者をも含む非合法的な営利活動のためのシンジケートでもあった。マフィアは地域支配を確立すると、自らが有する人間関係を「社会資本」として利用することで、さらに他のマフィアとの「ネットワーク」を構築することが可能となる。また、そうしたネットワークをとおして新たな地域、未知の分野、合法的な領域にもビジネス・チャンスを見出すことにより、急激な変化を遂げつつある現代社会への高度な適応能力を獲得することになった。

復権と政治への接近

マフィアが第二次大戦後のシチリアで息を吹き返すことができたのはアメリカのおかげであることはよく知られている。ファシズム体制下のマフィアは、一九二五年にパレルモ県知事となったチェーザレ・モーリによる徹底的な弾圧を受けたために沈黙を余儀なくされていた。ところが一九四三年七月一〇日に英米連合国軍はシチリア上陸作戦を敢行し、八月一七日には独伊軍を駆逐してこの島を解放する。それに先だって連合国軍の秘密諜報機関が当時ニューヨーク州の獄中にあったラッキー・ルチアーノ(本名サルヴァトーレ・ルカーニア)を始めとするイタリア系アメリカ人ギャングを極秘裏にシチリアに送りこみ、現地のマフィアとの秘密工作に当たらせたといわれているが真相は定かではない。

それはともかく連合国軍占領地政府(AMGOT)は無政府状態に陥ったこの島の秩序を回復するため、マフィアにまで市長の座を提供した。

シチリアにはアメリカ帰りの元移民(いわゆる「アメリカーニ」)が数多く存在した一方、占領軍兵士にはシチリア系アメリカ人がたくさん含まれていたこともあってマフィアには親近感があり、少なくともマフィアがファシストでないことだけは確かであり、地元の教会の覚えもめでたかったことから、連合国軍占領地政府は、犯罪結社であることを承知の上でマフィアに地域の秩序維持の機能を委ねた。ところがマフィアは連合国軍からの横流し物資を獲得して闇市場を取り仕切ったばかりか、無法状態となった農村で殺人、脱獄、強盗、家畜泥棒、恐喝、誘拐など悪辣の限りを尽くす山賊団と共謀することにより完全に息を吹き返すことになったのである。

シチリアでは、ファシズム体制崩壊の兆しが見え始めた一九四一年末ごろから、なかば自然発生的に分離独立運動が広まっていく。一九四三―四四年の連合国軍占領地政府の統治下では、三本の脚の生えた女神の顔「トリナークリア」(シチリアの古名、ギリシャ語で三つの岬を意味する)を黄色の地に描いた旗を掲げる独立運動が一気に燃え上がり、独立義勇軍が結成されて武装闘争を展開するまでとなった。たしかにシチリア独立論には、長きにわたる異民族支配と繰り返された反乱の歴史を思い起こすならば、それなりの根拠はあったといえよう。だが独立運動といいながらも、アメリカ合衆国の四九番目の州となることをスローガンとしていたことからも分かるように、ファシズム体制崩壊後の社会変革に恐怖心を抱く大土地所有者など既得権益層の現状維持を目的とした反革命運動であることは歴然としていた。しかも、この独立運動には連合国軍によって認知されてヴィッラルバの市長となっていたドン・カロ(カロージェロ・ヴィッツィーニ)のようなマフィアのボスまでもが正式メンバーとして参加していた。マフィアは史上初めて現状維持勢力の一員として、その政治的役割を認知されたばかりか、所詮は借り物であるとしてもシチリア独立論をとおして初めて公に自らの政治的意思を表明するほどとなっていたのである。

さしもの独立運動も一九四四年二月に連合国軍の占領統治が終わると終息へと向かっていった。その一方でシチリアは食糧難やインフレや失業などから暴動や略奪や放火さらには武装蜂起まで起こるという未曽有の社会的危機に陥っていく。国民解放委員会からなる連立政権を維持していたキリスト教民主党のアルチーデ・デ・ガスペリ政権は、一九四六年五月一五日の法律によりシチリアを特別自治州に定め広範な自治権を付与することで、こうした混乱を収拾しようとした。ところが一九四七年四月二〇日に実施された第一回州議会選挙では、共産党と社会党が連合した人民ブロックが三〇%を獲得し、キリスト教民主党(二〇%)を抑えて第一勢力となるという前代未聞の政治状況が生まれてしまう。そのころに共産党と社会党が主導していた農民による未耕作地占拠や協同組合運動は、大土地所有者のみならず既得権益層の存亡にもかかわる重大な脅威に他ならなかった。

ときあたかも冷戦の始まりと一致していたため、反共産主義を旗印に、カトリック教会の支援を受けるとともに左翼勢力との連携を断ち切ることにより、キリスト教民主党が、王党派やネオ・ファシストに接近するなど反動化していたシチリアの既得権益層を代表することになった。こうした政治状況のなかで、マフィアが新たな権力の後ろ盾を求めてキリスト教民主党に接近していくのも、なかば必然的な成り行きであるということができた。しかも一九四五年から六七年に亡くなるまでパレルモ大司教を務めたエルネスト・ルッフィーニ枢機卿は、北イタリアのマントヴァ出身の人格高潔な聖書学者だったにもかかわらず、マフィア否定論を唱えていた。すなわちマフィアが犯罪結社だというのはキリスト教民主党を貶(おとし)めるために共産党が捏造した政治宣伝だとしていた。また教皇庁検邪聖省は一九四九年七月一日の教令によって共産党員に破門を宣告した。当時のカトリック教会にとっては、マフィアの暴力よりも共産主義のイデオロギーの方が、はるかに大きな「悪」であり「罪」であったのである。

一九四八年四月一八日の総選挙を前にしてパレルモの高級ホテルであるヴィッラ・イジェアでキリスト教民主党主催の晩餐会が催された。そこには前述したドン・カロと、彼の死後は後継者となるジュゼッペ・ジェンコ・ルッソの二人のマフィアが正式の招待客として参加していた。一九五〇年に行われたジェンコ・ルッソの長男の結婚式には、ドン・カロとキリスト教民主党の州議会議長フランコ・レスティーヴォ(後に内務大臣となる)が立会人となっていた。一九五四年七月一〇日にマフィアのなかのマフィアと呼ばれたドン・カロは孫の腕に抱かれながら「素晴らしきかな、人生は!」という言葉を残して七六歳の生涯を閉じた。四頭立ての霊柩車が先導する盛大な葬列には市民やマフィオーゾのみならず政治家も加わり、ヴィッラルバの市役所とキリスト教民主党支部は一週間喪に服した。教区教会の扉に掲示された弔辞にはこう記されていた。「慎ましやかな人々には謙り、尊大な人々には威厳を保ち、言葉と仕業により、マフィアが犯罪結社ではないことを示そうとした。それればかりか法の尊重、あらゆる権利の擁護、魂の偉大さまでをも示そうとした。彼は愛であった」。

社会主義への弾圧

少し話はさかのぼることになるが、一九四七年五月一日に州議会選挙での人民ブロックの勝利とメーデーを祝うために、二〇〇〇人もの着飾った農民が家族連れでパレルモから二〇キロメートルほど内陸に入った牧草地に集まって、お祭りを始めようとしていた。そこに義賊を気取る元独立義勇軍大佐で米軍の機関銃を持ち米兵の軍服を着たサルヴァトーレ・ジュリアーノ(当時二五歳)の私兵が襲いかかり、一一人の死者と五六人の負傷者をだすという虐殺事件が生じた。このポルテッラ・デッラ・ジネストラの虐殺は、社会主義運動に対する戦後最悪の政治弾圧事件として今もなお語り継がれている。

この事件は当初たんなる山賊による襲撃事件とされた。だがジュリアーノは政治家や治安警察(カラビニエーレ)やマフィアさらには米軍秘密諜報機関とも結託しながら社会主義運動鎮圧の先兵となっていた。ジュリアーノは一九五〇年に治安警察に教唆された、従弟で腹心のガスパーレ・ピショッタに就寝中ピストルで射殺される。だが、そのときまで、自分がもはや用済みとなったことに気づくと今度は政治家や治安警察やマフィアを敵に回しながらも、三年もの長きにわたり英雄気取りで殺戮(さつりく)を繰り返した。犠牲者は延べ四三〇人にも及んだ。

シチリア出身でキリスト教民主党の内務大臣マリオ・シェルバは、すでに逮捕されていたジュリアーノ一味の裁判の開廷日に、治安警察との銃撃戦の果てにジュリアーノが射殺されたと発表した。そして彼の死体の写真も新聞に発表された。しかし、それは、ベッドから屋外に引きずり出した後に、死体を機関銃で乱射して捏造された現場写真であるということがすぐに露呈した(鶏の首を切って出血量の不足が補われたという)。のちに大虐殺の実行犯として逮捕されたピショッタは、山賊と警察とマフィアは父と子と聖霊のごとく三位一体であり、大虐殺の共同謀議にはシェルバ内相をも含む政治家が加わっていたと証言していた。そして終身刑の判決を受けてパレルモのウッチャルドーネ刑務所に服役中、真相を暴露する自伝を執筆していたが、一九五四年二月九日に毒入りのエスプレッソ・コーヒーを飲んで殺されてしまう。そして、まさにその翌日の二月一〇日、シェルバは第一〇代内閣総理大臣に就任する。くだんの自伝が行方不明となったのは言うまでもなかった。

パレルモでの癒着

キリスト教民主党は、一九四八年四月一八日の総選挙で四八・五一%の得票を獲得して共産党と社会党からなる人民民主戦線(三〇・九八%)に勝利し、それ以来一九九四年に至るまで政権与党の座に止まり続けることになった。そして万年与党となったキリスト教民主党とマフィアの癒着(ゆちゃく)を象徴的に示していたのが、パレルモの都市行政であった。その全権は、一九五三年にキリスト教民主党パレルモ県連幹事長に二八歳の若さで就任した名門の御曹司である弁護士ジョヴァンニ・ジョイアが掌握することになる。ジョイアはシチリアの「副王」(ヴィチェレ)と呼ばれるまでの実力者となった。

彼の後ろ盾となったのは、デ・ガスペリに造反して一九五四年七月に党の実権を横奪した第二世代の指導者アミントーレ・ファンファーニだった(そのひと月後デ・ガスペリは七三歳の生涯を閉じた)。ファンファーニは一九〇八年にアレッツォで生まれミラノ・カトリック大学で学び、ファシズムともイデオロギー的な共通点をもつ協同体論を唱えていた経済学者だった。彼は共産党に対抗するには教会組織から自立した自前の大衆組織政党が必要であると考えていた。そして彼の党改革を熱心に支援したのが党組織本部長に抜擢されたジョイアだったのである。

近代的な大衆組織政党になれば、党員には党費の納入と一年毎の党員証更新が義務付けられ、役員は公正な選挙で党員から選出され、党組織は支部、県連盟、州連盟、党大会、全国評議会、中央幹事会からなるピラミッド型の中央集権的な構造に刷新されるはずであった。そうした理念のもとに全国各地には党支部が設立されていった(パレルモには五九もの支部が設立された)。

ところが、あにはからんや親類縁者や友人知人のみならず電話帳で見つけた物故者まで支部の党員名簿に記載されていたことからも明らかなように、その実態は「マカロニ政治」すなわち「票と便益との交換」にもとづく無定見かつ無節操な党員集めに他ならなかった。また便宜供与としての地方公共機関や地元金融機関による党員の縁故採用は常態化する。それにもかかわらず、およそ六つもの派閥に分断されたキリスト教民主党において、派閥が獲得する党員数は死活的に重要な政治的意味を持っていた。各派閥が覇権をめぐり党大会での代議員数を競い合っていたからである。ファンファーニはジョイアのおかげでシチリアに安定した大票田を確保していたので、六度も内閣総理大臣になることができた。ファンファーニ派の国会議員のじつに三分の一がシチリア出身者だったのである。

こうした状況のなかから「パレルモの強奪」(サッコ・ディ・パレルモ)が生じた。折からの「経済の奇跡」による人口増と不動産建設ブームを背景に、見るも無残な都市計画により、キリスト教会に改築されたアラブ様式のモスク、ノルマン様式の宮殿、ルネサンス様式の泉、バロック様式の教会、ロココ様式やアール・ヌーヴォー様式の邸宅が棕櫚(しゅろ)の街路樹にそって立ち並ぶヨーロッパで一番美しいとまでいわれた都市景観を、空襲による破壊の痕跡を残したまま、無機質な高層住宅が林立するコンクリート・ジャングルに変えてしまったのである。それは外でもないジョイアが牛耳る(ぎゅうじ)キリスト教民主党の腐敗と乱脈の限りを尽くした都市行政支配のせいであった。

一九五八年にサルヴォ・リーマ(当時三〇歳)がパレルモ市長に選ばれ、ヴィート・チャンチミーノ(当時三四歳)が市議会公共事業部長に就任した。いずれもジョイアの手下であり、ファンファーニ派の市会議員であった。違うのは、リーマが法学部を卒業した元銀行員であり、チャンチミーノはコルレオーネの理髪店の息子でマフィアだったことぐらいである。この二人によって都市計画は、陳情に応じて幾度となく変更され、すでに建築許可が下りて建物が竣工(しゅんこう)した地域が新たに規制地域に指定されたり、都市計画に反する違法建築だったのに事後的に建築許可を受けたりするなど、完全な無法状態に陥っていた。

しかも一九五九年から六三年に交付された延べ四二〇五件の建築許可のうち八〇%がたったの五人に与えられていた。一人は石炭業者、もう一人は集合住宅の門番兼管理人、残り三人は年金生活者であった。この五人がマフィアと連携した建設業者の名義貸し人であるのはいうまでもなかった。建設業者と結託して暴利を貪(むさぼ)ろうとしたマフィアもいれば、工事現場の妨害や下請け業者に対する脅迫によって上前をはねようとするマフィアもいた。パレルモの建築ブームを機に、マフィアは公共事業を取り仕切って建設業界から巨額の公金を還流させることにより、莫大な収益をもたらす新たな資金源を見出した(その後チャンチミーノとリーマは一九六八年にファンファーニ派を見限って、アンドレオッティ派に鞍替えする。チャンチミーノはパレルモ市長となり、一九八四年にはマフィア幇助の容疑で逮捕され二〇〇一年に禁固一三年の有罪判決が確定するが、翌年病死する。リーマはアンドレオッティの腹心となり下院議員や財務次官や欧州議会議員を歴任するが、一九九二年にマフィアによってアンドレオッティの裏切り——これについては第3章で述べる——に対する報復として射殺された)。

世紀末のベル・エポックを象徴し、リヒアルト・ワグナーが最後の楽劇『パルシファル』を滞在中に完成したことでも知られているパレルモの由緒あるホテル、グラントテル・エ・デ・パルムで、一九五七年一〇月一二日から一六日にかけて、アメリカのマフィアとシチリアのマフィア一七人が参加する「首脳会議」が開催された。主賓は、一九三一年にそれまで抗争に明け暮れていたニューヨーク・マフィアの五つのファミリーがラッキー・ルチアーノの調停により連合組織「コーザ・ノストラ」を結成して以来、一九六九年に引退するまでその頂点に立ち続けたジョゼフ・ボナンノであった。

彼は一九〇五年にパレルモの西方にあるカステッラマーレ・デル・ゴルフォに生まれ、一九二四年に反ファシストの嫌疑を受けてアメリカに不法出国をした。ブルックリンを拠点とするファミリーのボスとなり、強請(ゆすり)や賭博、麻薬取引や高利貸しのみならずモーテルやピザ屋や葬儀屋といった事業でも大成功を収めたが、英語には熟達せず、好んでシチリア方言を喋り、郷里のマフィアとも密接な関係を保ち続けていた。引退後は同郷人の移民が多く暮らすアリゾナ州のツーソンに移り、二〇〇二年に九七歳の生涯を平穏裏に終えた。

この首脳会議の主要な議題は、それまではマルセイユで精製されたヘロインをアメリカに送るための中継地にすぎなかったパレルモを、新たな麻薬密輸ルートの拠点とすることにあった。中東から仕入れたモルヒネがシチリアの秘密工場でヘロインに精製されたのち、大西洋を往復するシチリア系アメリカ人の旅行鞄を利用したり、輸出用のオリーヴ・オイル缶に隠したりして年に三、四トンものヘロインがアメリカに密輸されることになった。かねがね「名誉ある男」であるシチリア・マフィアが麻薬取引に手を染めることは絶対にないといわれてきた。ところが、そんな神話も、麻薬取引がもたらす莫大な利益を前にすると、あっけなく打ち破られた。麻薬取引はスイスの秘密口座に違法送金して資金洗浄をしなければならないほど巨額の収益を生む重要な資金源となったのである。

マフィア大戦争

しかし麻薬取引はマフィア内部の力関係を根底から変えるとともに、激しい内部抗争を引き起こす原因となった。一九六二年には「第一次マフィア戦争」と呼ばれる大規模な抗争事件が生じた。しかし警察の反撃を被って二〇〇〇人もの逮捕者を出したばかりか、議会にも初めて「反マフィア委員会」が設置されて取り締まりが強化されたこともあって、その後マフィアは公然たる内部抗争や公権力との対立を回避するようになっていた。

ところが一九七〇年代末になると状況は一変した。シチリアの内陸部にある人口一万人ほどの小さな都市コルレオーネ出身の新興マフィアが、パレルモのボスたちが支配する麻薬密売ルートの強奪を目指して激しい内部抗争を仕掛け始めたからである。コルレオーネ・マフィアはそれまでのマフィアとは違って抗争中のマフィア構成員だけを殺戮の対象としたのではなく、公権力の代表やマフィア捜査責任者など政府の「要人」をも容赦なく次々と殺戮した。

一九七九年にはパレルモ警察署機動捜査隊長ボリス・ジュリアーノやパレルモ地裁の元判事で共産党下院議員であり反マフィア委員会委員だったチェーザレ・テッラノーヴァが殺された。一九八〇年にはシチリア州知事ピエルサンティ・マッタレッラ（二〇一五年に第一三代大統領に就任したセルジョ・マッタレッラの兄）や、治安警察（カラビニエーレ）大尉エマヌエーレ・バジーレとパレルモ地方検察庁長官ガエターノ・コスタが殺された。一九八二年にはマフィア型犯罪結社取締法案の共同提出者だった共産党下院議員ピオ・ラ・トッレ、そして「赤い旅団」など極左テロリズム鎮圧の功績から、当時のジョヴァンニ・スパドリーニ首相の懇請によりパレルモ県知事に任命されたばかりの元治安警察総監カルロ・アルベルト・ダッラ・キエーザ将軍が、妻のエマヌエラや運転手とともに殺された。一九八三年にはトラパニ地方検察庁の検事補ジャコモ・チャッチヨ・モンタルドやパレルモ地方検察庁にマフィア捜査班を創設したロッコ・キンニチが殺された。

一九七九年からわずか四年のうちに、マフィアはマフィア対策の責任者のみならず公権力の「代表」でさえもテロリズムの標的とすることにより、国家権力をもってしても抑止できないほど巨大な力があることを誇示するほどとなっていた。その間、マフィア同士の抗争も熾烈を極めていく。三日に一人の割合で延べ六〇〇人ものマフィア構成員が殺されるという、のちに「第二次マフィア戦争」と呼ばれる異常事態が生じていたのである。

マフィア大裁判

マフィアによる犯罪に関しては、長らく刑法上はマフィア構成員に対する個人としての刑事責任しか問うことができなかった。それが根本的に転換するのは、一九八二年のいわゆる「ロニョーニ－ラ・トッレ法」(マフィア型犯罪結社取締法)により刑法第四一六条の二として「マフィア型犯罪結社」に関する規定が追加されてからのことであった。これにもとづいて、一九八三年にはフィレンツェの検事からパレルモ地方裁判所予審部長に転任したアントニオ・カポンネットにより反マフィア特別捜査隊が新設された(だが定年退職までの四年半のあいだ、彼は警備の厳重な兵営での生活を余儀なくされ、護衛なしでの外出は一切不可能となった)。

そして一九八四年には、マフィアのボスのトンマーゾ・ブシェッタが、ブラジル逃亡中に第二次マフィア戦争の敗者となって一家皆殺しの目にあったことから改悛して司法協力者となり、マフィア捜査班のジョヴァンニ・ファルコーネ判事にマフィアの内情を洗いざらい告白するという前代未聞の大事件が生じた。この証言にもとづいて三六六通もの逮捕状が請求され、潜伏していたマフィアが次々と逮捕されていった。こうして一九八六年二月一〇日には、パレルモのウッチャルドーネ刑務所の敷地内に三〇もの鉄檻（てつおり）を設（しつら）えて建造された地下要塞法廷で、四七五人ものマフィア構成員を被告人とする「マフィア大裁判」が開かれた。一九八七年一二月一六日には第一審の判決が下され、三四四人が有罪となり、名だたるマフィアのボス一九人には極刑である終身刑が言い渡された（第二次マフィア戦争の勝者であるコルレオーネ・マフィアのサルヴァトーレ・リイナとベルナルド・プロヴェンツァーノは、逃亡中のため欠席裁判で終身刑の判決を受けることになった）。

　ときあたかも一九八五年七月には、キリスト教民主党左派の異端児レオルーカ・オルランド（当時はパレルモ大学法学部教授）がパレルモ市長に選ばれ、「パレルモの春」と呼ばれる反マフィア世論の大きなうねりを生み出すことに成功していた。学生たちはマフィア大裁判を支持する運動を繰り広げ、カトリック教会もイエズス会が中心となって初めて反マフィアの姿勢をはっきりと示すようになった。

　ところが一九八七年になると世論の風向きは一変する。一月にシチリアの著名な作家であるレオナルド・シャーシャが、反マフィア特別捜査隊による司法権の濫用を批判したのを皮切りに、六月一四日の総選挙では社会党や急進党がマフィア大裁判の被告人の人権擁護を訴え、すでに英雄視され始めていたファルコーネ判事の捜査手法を激しく攻撃した(社会党はパレルモで得票率を九・八%から一六・四%に伸ばし、急進党もほぼゼロから二・三%の得票率を得ることに成功していた。他方、キリスト教民主党は得票率を一〇%も減らした。のちの分析から、この選挙結果がマフィアによる投票操作を反映したものであることが判明した)。さらに一一月八—九日の国民投票では圧倒的多数の賛成を得て司法官の民事責任が問えるようになった。そして一九八八年にはカポンネットの後任としてパレルモ地方裁判所予審部長に就任するはずであったファルコーネの任官が拒否される。こうしてファルコーネが孤立する一方、疑心暗鬼に陥った反マフィア特別捜査隊も著しく機能を低下させてしまう。一九八九年六月にはファルコーネの暗殺未遂事件が起こる。一九九〇年一月に市議会アンドレオッティ派との対立からオルランドが市長を辞任する。一九九一年一月にはついにファルコーネも判事を辞任してしまうのであった。

さらに一九九〇年一二月一〇日の控訴院(第二審=高裁)判決では、些細な形式上の不備(例えば本旨と無関係の名前や日付の誤記)を理由として、終身刑の判決を受けた者が一九人から一二人に減ったばかりか、有罪判決を受けた者の受刑期間が大幅に短縮され、八六人もの被告人が無罪を勝ち取った。この判決には「判決潰し」(アマッツァセンテンツェ)の異名を持つ、アグリジエントに生まれパレルモ大学を卒業した破毀院(最高裁)第一部判事コッラード・カルネヴァーレが関わっていた。マフィアはかねがねカルネヴァーレが破毀院にいる限り、どんな裁判でも無罪を勝ち取れると確信していた。というのもカルネヴァーレはマフィアと密接な関係を築いてきたアンドレオッティの盟友だったからである。マフィアの確信はそうした二人の結びつきにもとづくものであった。

その後、カルネヴァーレはマフィア大裁判から排除され、一九九二年一月三〇日に破毀院(最終審)は、控訴院判決をほぼすべて棄却するとともに、あらためて第一審の有罪判決を支持した(一九九八年にはカルネヴァーレもマフィア幇助罪で起訴されるが、二〇〇二年に証拠不十分で無罪が確定した)。

こうしてマフィア大裁判は、紆余曲折を経ながらも、史上初めて犯罪結社としてのマフィアに刑法上の処罰を与えることに成功した。しかしマフィアの問題が解決の糸口を見出したといえるような状況が生まれたわけでは全くなかった。というのもマフィアは、アンドレオッティのような政治家たちが自分たちから距離をとり始めたことに激怒して、ますます暴虐の限りを尽くすようになっていったからである。

すでに述べたように、ボッシの北部同盟も、皮肉なことに、かつてのシチリア独立論と同じように、イタリア北部の分離独立論を唱えていた。かくも非現実的で非合理的な主張に、北部の有権者の多くが熱烈な支持を与えるようになった背景には、明らかにマフィアによる暴力犯罪の止まる所を知らない跳梁跋扈があった。マフィアのイメージが北部に根強く残る南部出身者への「人種差別」的偏見と分かち難く結びついてしまったからである。

しかし、そうした荒廃をシチリアにもたらした責任の多くが戦後イタリア政治を担ってきたアンドレオッティのような政治家たちにあり、マフィアのような犯罪結社がこうした政治家たちの庇護の下で事実上の「治外法権」を享受してきたことは、もはや秘密でも何でもなく、すでに誰もが知っている事実であった。それゆえ、有権者が救いようのない絶望感に襲われるのも、ある意味では当然のことであった。いいかえると、このような究極の政治不信のなかで、北部同盟の荒唐無稽な「扇動」が効果的に機能する環境は、整えられていったのである。

第3章
政治の覇者へ

1994年に結成されたフォルツァ・イタリアの旗マークとベルルスコーニ(Getty Images)

1　一九九二年の危機

「ひどい年」　イギリスのエリザベス女王は、戴冠(たいかん)四〇周年を迎えたにもかかわらず、チャールズ皇太子とダイアナ妃の別居を始めとする王室の醜聞(しゅうぶん)が絶えなかった一九九二年を、「ひどい年」(ラテン語でアンヌス・ホッリビリス)といって嘆いた。しかし、イタリアの一九九二年は、それどころではない、とてつもなく「ひどい年」となった。イタリアという国が丸裸にされて、奈落の底に突き落とされた年といってもよかった。

ところが、一九八九年七月二二日に誕生した第六次アンドレオッティ政権は、キリスト教民主党のフォルラーニ幹事長と社会党のクラクシ書記長によって盤石の備えが固められた本格政権として発足した。一九九一年四月一二日に成立した第七次アンドレオッティ政権からは、郵政相ポストを得られなかった共和党が離脱したため、五党連立体制の一角が崩れたものの、政権基盤が揺らぐようには見えなかった。それゆえ、すでに露呈し始めていた危機の徴候には驚くほど無頓着であった。「黄金の八〇年代」の楽観主義の余韻に浸りながら、権力政治の膠着(こうちゃく)状態がもたらす心地よい惰性のなかで安住しきっていたのである。

こうした閉塞状況に一石を投じることになったのが、一九九一年六月九日の「下院の優先投票に関する」国民投票であった。この運動の中心となったのは、キリスト教民主党の代議士マリオ・セーニだった。一九三九年にサルデーニャ島のサッサリに生まれ、第四代大統領アントニオ・セーニ(在任は一九六二―六四年)の息子でありながら、キリスト教民主党では特定の派閥に所属しない一匹狼であった。

イタリア共和国憲法第七五条には、五〇万人以上の署名、あるいは五つの州議会の決議があり、憲法裁判所によってその妥当性を認められれば、現行の法律の全部ないし一部を「廃止」するための国民投票が実施できるという規定があった(但し、租税、予算、条約、恩赦に関する法律は除くものとされていた)。例えば、一九七四年五月一二―一三日の国民投票は、一九七〇年に成立した離婚法を「廃止」するか否かをめぐるものであり、賛成は四〇・七四%に過ぎず、反対が五九・二六%だったので、離婚法は存続することになった。

セーニは、下院選挙法第七五条第二項の廃止を求めるという、一見小さな提案をした。当時の下院の選挙制度は、政党名簿に基づく比例代表制であったが、それと同時に各政党の候補者名簿から三人(場合によれば四人)まで選んで「優先票」が投票できることになっていた。また政党名簿ごとの議席配分は候補者が得た優先票の票数で決められていた。そのため優先票の票数が政治家の「実力」を示すと考えられるようになっていく。とくに万年与党のキリスト教民主党では、派閥の領袖(りょうしゅう)を始めとする実力者が優先票の獲得に血眼となった。そして、それは政治腐敗を生む重要な原因の一つとなった。有権者に対して優先票との交換に国家資源を利用した様々な利益誘導を行うことが常態化していったからである。すでに述べたように、マフィアのような犯罪結社がそこに介在することにもなった。

そこで、セーニは、優先投票を一票に限るとし、政党名簿に記載されて候補者番号に印をつけるのではなく、候補者の氏名を明記することを提案した。この提案それ自体は著しく法技術的なものであった。だが、その意図するところは明快であった。セーニの言葉によれば、それは政治に「道義性」を回復することである。すなわち政治改革であった。史上初めて「政党支配体制」(パルティートクラツィア)が告発されることになったのである。

政権与党幹部は憲法違反であるとしてこれに反対した。とくにクラクシ書記長は、投票日は日曜日だから「みなさん海に行って下さい」と棄権を呼びかけた。しかし、予想に反して投票率は法定最低投票率の五〇%を超える六二・五%に達し、九五・六%もの賛成を得た。こうして国民投票による政治改革運動の小さいが大きな一歩が始まったのである。

ところが、その一方で、一九九一年八月二九日にはパレルモで衣料品製造業を営むリーベロ・グラッシがマフィアによって殺されるという悲劇が生じていた。マフィアからの強請を拒絶する公開書簡を地元日刊紙で発表した勇気ある市民グラッシの命を国家は守ることができなかったのである。この事態に政府もやっと重い腰をあげ、一〇月二九日にはファルコーネ元判事が提案していた全国の反マフィア捜査機関を統括する「反マフィア捜査本部」（DIA）が設立された。そして、第2章で述べたように、一九九二年一月三〇日にはマフィア大裁判の最終審の判決が下され、控訴審の判決が覆されて、一審判決のほとんどが認められることになった。こうしてイタリア国家は統一後一三〇年にして初めてマフィアに真っ当な法の裁きを科することに成功した。とはいえ、この判決によって恐慌状態に陥ったマフィアの反発は、いっそう凄惨なものとなっていくことになる。

さらに付け加えておかなければならないことは、「マフィア型犯罪結社」がもはやシチリア州のマフィアだけに限られたものではなかったことである。すでにカラーブリア州ではウンドランゲタ、カンパーニア州ではカモッラ、プーリア州ではサクラ・コローナ・ウニータが跳梁跋扈していた。一九九一年八月以降、南部ではおよそ七〇もの市議会が、マフィア型犯罪結社の支配や浸透を理由に、内務省から解散命令を受けるとともに同省が派遣した監察官の直括統治下に置かれていたのである。

ここで話をイタリアの「ひどい年」に戻すことにしよう。それは次のようにして始まっていった。一九九二年二月二日、フランチェスコ・コッシーガ大統領は議会の解散命令に署名し、来る四月五―六日に総選挙が実施されることになった。その五日後の二月七日、残任期間を残すばかりとなったアンドレオッティ首相は、オランダのマーストリヒトにおいて欧州連合条約に署名した。そして、その一〇日後の二月一七日、ミラノ地方検察庁の検事アントニオ・ディ・ピエトロは、ミラノ最大の養護老人ホームであるピオ・アルベルゴ・トリヴゥルツィオの所長マリオ・キエーザを、七〇〇万リラの収賄容疑で現行犯逮捕した。下請けの清掃会社が、現金授受の日時を前もって当局に知らせていたから、それが可能となったのである。この現金は総額一億四〇〇〇万リラに及ぶ賄賂の分割払いの一回分に相当した。キエーザはクラクシ書記長の義兄パオロ・ピッリッテーリが市長となってミラノ市政を支配していた社会党の古参党員であったが、当時はクラクシの長男のボボ・クラクシを支援していた。キエーザが属する社会党は、養護老人ホームの下請け業者に対して契約と引き換えに最大一五％から五％までの割戻金の支払いを要求していた。くだんの清掃会社は一五％もの割戻金を請求されたために、もう利益が出なくなり、窮地に陥って当局に告発する決断を下したのである。

これが後に「賄賂まみれ都市」(タンジェントーポリ。タンジェントは賄賂、ポリ＝ポリスは都市を意味する)と呼ばれ、イタリアの戦後政党システムを根底から覆す大疑獄事件の幕開けになると予想できた者はひとりもいなかった。一九八八年にミラノ地方検察庁長官に就任したフランチェスコ・サヴェリオ・ボレッリは、カポンネットが一九八三年にパレルモ地方裁判所予審部長となって反マフィア特別捜査隊を設置したのと同じように、一九九二年にミラノ政界汚職に専従する捜査班(いわゆる「清潔な手」マーニ・プリーテ)を設置した。この捜査班にはディ・ピエトロのみならず、P2事件を捜査するなかでスイスに置かれた社会党の秘密銀行口座にアンブロジアーノ銀行から違法送金された巨額の政治献金の存在を掴むに至ったゲラルド・コロンボも参加していた。したがってキエーザの逮捕は単純な収賄事件の始まりを告げるものではなかった。当初より社会党が得てきた秘密政治資金の構造そのものの解明が視野に入っていた。そればかりか、我が世の春を謳歌し政治腐敗に明け暮れて自浄能力を失った「政党支配体制」に対する市民の不信や絶望を追い風にして、司法が介入することにより政治に「道義性」を回復したいという強い「政治的」意思が秘められていた。ミラノ地方検察庁による汚職の大規模な摘発が「司法による革命」といわれた所以である。

イタリアの司法制度

話を進めるまえに、イタリアの司法制度の特徴について一瞥（いちべつ）しておこう。イタリア共和国憲法は第一〇四条第一項において、司法権が立法権や行政権から独立した自治的な秩序をもつと定めていた。国家統一以来ファシズム体制が終わるまで、イタリアには司法権の独立はなく、法務大臣が官僚制的に司法行政組織を統括してきた。イタリア共和国では、その反省の上に立って司法行政が法務大臣ではなく司法官の自治に委ねられることになる。こうして最高司法会議が設置され採用や昇進や俸給などを含むすべての権限を掌握した。イタリアでは裁判官も検察官も司法官として一括採用され、それらの間の相互乗り入れもあった。さらにイタリア共和国憲法第一一二条は「検察官は刑事訴追を行う義務を有する」と定めていた。検察官は犯罪の容疑があり、有罪判決の可能性が高いと判断したならば必ず公訴する義務があるという起訴法定主義の原則を採っていた。起訴便宜主義を採る日本のように、検察の裁量による起訴猶予は原則として認められていなかったのである。

しかもベルリングェル書記長が唱えた「歴史的妥協」の対話者となったモーロ首相の下で実現された一九七五年の司法制度改革によって、最高司法会議において司法官を代表する評議員が比例代表制による互選で選ばれることになり、司法官の不偏不党原則にもかかわらず、政党分布をかなりの程度まで反映した党派別のグループが形成されるようになった。また司法官は全国司法官協会という自分たちの職業的利益を守るための労働組合組織を持っていた。実際、一九九一年一二月三日にはコッシーガ大統領とクラウディオ・マルテッリ法相が司法の独立性を攻撃したことに抗議してゼネストを宣言したこともあった。

イタリアの司法官が活発な活動を展開するきっかけとなったのは、一九六九年から八八年までの「鉛の時代」(鉛とは銃弾を意味する)における極左や極右のテロリズムとの闘いであった。この時期におけるテロリズムの犠牲者は死者四九一人、負傷者一一八一人にも及んでいた。一九七五年のレアーレ法が司法当局による予防拘束や治安当局による武器使用の拡大を認めたことにより、司法権力は格段に強化されることになった。もう一つのきっかけとなったのは、すでに述べたマフィアとの闘いであった。一九八二年のロニョーニ・ラ・トッレ法によって、マフィア型犯罪結社が定義されるとともに、司法取引をして内部通報をした改悛者（ペンティート）の保護制度や電話盗聴などが制度化された。いずれの場合にも、治安当局のみならず捜査の最前線に立った検察官や裁判官（予審判事）には多数の犠牲者が生じたこともあって、こうした司法権の強化には、議会外左翼の活動家や急進党の支持者、またその近辺にいた知識人は批判的であったが、国民世論は総じて好意的であった。

後にベルルスコーニは「赤い司法官」と烙印を押すことによって、まるで司法官全体が共産主義者であったかのごときプロパガンダを展開することになる。だが、たしかにファルコーネがベルリングェルの共産党への親近感を隠さなかった一方、マフィアと闘って暗殺された彼の部下のパオロ・ボルセッリーノは学生時代にはネオ・ファシストのイタリア社会運動の活動家であったし、ディ・ピエトロも左翼というよりも国家主義者というべきであった。したがって司法権力の活性化を司法官の「政治的」動機だけに還元するような議論には無理があった。そうではなく、司法権力の「政治的」使命感の活性化を促したのは、じつは「政治」に絶望した「市民社会」だったのである。自らの生命を賭してテロリズムやマフィアと闘う司法当局者や治安当局者が、まるで「殉教者」であるかのごとく、無残にも次々と殺戮されていく光景を目の当たりにして心を痛め、義憤を感じなかった市民など一人もいなかったといってもよいであろう。

その一方で「清潔な手」作戦が始まった一カ月後の三月一二日には、アンドレオッティの腹心であるサルヴォ・リーマ欧州議会議員が、またしてもマフィアによって射殺された。選挙運動のためにパレルモにやってくるアンドレオッティを迎える準備をしていたところであった。すでに述べたように、この殺人が一月三〇日に下ったマフィア大裁判の最終判決に対するマフィアの報復であったことは、誰の眼にも疑いようがなかった(リイナやプロヴェンツァーノといったコルレオーネ・マフィアのボスはまだ逃亡中であった)。

カパーチの虐殺

しかし四月五―六日の総選挙は、まるで何事も起こらなかったかのごとく、予定通り実施された。この総選挙の勝者は疑いもなくウンベルト・ボッシが率いる北部同盟であった。得票率は前回一九八七年の〇・七%から八・七%に増え、下院の議席も一から五五となった。ロンバルディア州は二五・一%、ピエモンテ州は一九・四%、ヴェネト州は一八・九%、リグーリア州は一五・五%と北部諸州で大躍進を遂げた。他方、キリスト教民主党は二九・四%と史上初めて三〇%の大台を割り、上げ潮に乗っていたはずの社会党も〇・七ポイント減の一三・六%に止まり、与党連合は五〇%を下回る四八・二%の得票率しか獲得できなかった。ところが下院では六三〇議席中三三一、上院では三一五議席中一六三と上下両院で過半数をまだ維持していたため、これだけ大きな地殻変動の予兆があったにもかかわらず、総選挙の結果がもたらしたのは、またしても現状維持だけであるかのように見えた。

そうはいっても組閣を難航させる二つの要因があった。一つは「清潔な手」捜査班による汚職捜査の予想を超える急激な進展であった。五月一日には汚職容疑で社会党のミラノ市長ピッリッテーリと元ミラノ市長で観光大臣カルロ・トニョーリに対する捜査が開始された。そして大統領選挙が始まる二四時間前の五月一二日には政治資金規正法違反の容疑でキリスト教民主党全国運営本部長セヴェリーノ・チタリスティ上院議員の捜査が始まった。そして世論も一気に過熱して汚職捜査を熱烈に支持し始めた。もともと野党色の強かった公共放送テレビRAI第三チャンネルのみならず、クラクシ書記長の刎頸の友であったはずのベルルスコーニの民間商業テレビ三局まで、人気キャスターが司会を務める政治討論番組ではディ・ピエトロ検事を始めとする「清潔な手」捜査班を応援するようになっていった。

そして、もう一つは大統領選挙であった。一九八五年に第八代大統領に就任したフランチェスコ・コッシーガが七年の任期満了一カ月前の四月二五日に辞表を提出していたからである。そのため組閣の前に大統領選挙を行わなければならなかった。イタリア共和国の大統領には、米仏のような行政権力はなく、大統領といっても「国民の統一を代表する」(憲法第八七条)名目的な国家元首に過ぎなかった。しかし、コッシーガはそうした大統領の役割を無視して、左翼民主党(旧共産党)を批判したり、P2会員を愛国者であると擁護したり、フランス第五共和政のような大統領制の導入を求めて憲法改正を要求したりするなど、大統領にあるまじき行き過ぎた発言で物議を醸（かも）していた。大統領選挙は国民による直接選挙ではなく、上下両院議員と各州代表三人（ヴァッレ・ダオスタ州のみ一人）からなる選挙人の秘密投票によって、三分の二以上の票を得たものを当選者としていた（ただし三回目の投票後は過半数で当選とした。ちなみに当時の過半数は五〇八票であった）。秘密投票であるために野党も大きな影響力を行使することができたので、落とし所が見つかるまで複雑な駆け引きのなかで何度も投票が繰り返されるのが常であった。リーマが暗殺される前の下馬評では、アンドレオッティが有望とされていた。クラクシも野心を隠していなかったので、そうなった場合には、アンドレオッティ大統領、クラクシ首相というシナリオが用意されていた。だが今回は違った。大統領選中にイタリア中を震撼させる大事件が勃発したからである。

五月二三日の土曜日にファルコーネは妻のフランチェスカ・モルヴィッロ（彼女も判事であった）とともにパレルモ空港に降り立った。すでに習慣となっていた週末の帰郷である。空港には七人の護衛と三台の車が待機していた。ファルコーネは自らハンドルを握り、二台の警護車に前後をはさまれながらパレルモ市内に向かった。午後五時五六分、空港から数キロメートル離れたカパーチを通過中、突如大爆発が起こった。高速道路の地下を横切る排水溝にしかけられた一〇〇〇キログラムもの爆薬が炸裂した。丘の上の監視小屋からファルコーネたちの通過を待っていたマフィアが遠隔操作によって爆薬に点火したのである。三台の車はすべて吹き飛ばされ、高速道路には巨大な陥没が生じた。こうしてファルコーネ夫妻と三人の護衛が殺された。

この「カパーチの虐殺」はすぐさま全国に報道されて国民に深甚な衝撃を与えた。イタリアを代表する自由主義の著名な政治学者であったノルベルト・ボッビオは「イタリア人であることが恥ずかしい」とまで述べた。議会も直ちに服喪と月曜日に行われる葬儀までの休会を宣言した。それればかりか議会は葬儀当日の五月二五日には一六回目の投票を行い、たちまちのうちに新たな大統領を選出した。当時すでに七六歳であったオスカル・ルイージ・スカルファロ下院議長である。キリスト教民主党の重鎮でクラクシ政権で二度も内相を務めた伝統的な保守政治家であった。しかし判事としての経歴やマリア信仰の熱心な実践者であったことからも道徳的な廉潔には定評があり、派閥政治や金権政治からも距離をおき、マフィア捜査にも積極的で司法権の独立を擁護する意志も固かった。

スカルファロ大統領は、ただちに名目的な国家元首の役割を超えて組閣に介入し、すでに金権政治の権化と見なされつつあったクラクシを忌避してジュリアーノ・アマートを首相に任命した。ただアマートは社会党の副書記長でありクラクシの有力なブレーンであった。その一方で「切れ者」の知識人としても知られ、ローマ大学の憲法学の教授であるとともにイタリア屈指の金融財政問題の専門家でもあった。また汚職とは無縁と見なされていた。こうして総選挙から三カ月も経った六月二八日になって、やっとアマート政権が成立した。当初より暫定政権の性格が強く、経済学者のピエーロ・バルッチが国庫相に就任するなど六人もの専門家が加わった事実上の「非政党・実務家政権」として発足した。後で詳しく述べることになるが、すでにイタリアは深刻な財政破綻に直面していたからである。

その間にも「清潔な手」捜査班による汚職捜査は進められていった。七月一四日には、夜な夜なナイトクラブで豪遊することで悪名が高かった社会党のジャンニ・デ・ミケーリス前外相が逮捕され、七月一六日にはミラノ最大の建設業者サルヴァトーレ・リジェスティが逮捕された。こうして汚職捜査は収賄側から贈賄側にまで拡大していった。すでに述べたようにミラノはメディアにより「タンジェントーポリ」の汚名を着せられた。だが、ほどなくこの汚名はイタリア全国に該当するものとなっていく。ミラノ以外の都市でも汚職捜査が開始されていったからである。

七月一九日の日曜日の午後四時五六分のことである。いつものように一緒に昼食を済ませたあと母親を彼女の暮らす集合住宅まで送りとどけようとしたボルセッリーノ判事が、駐車場に停車中の車に仕掛けられたマフィアの爆弾によって、母親と四人の護衛ともども殺されるという大虐殺がまたしてもパレルモで起こった。

ボルセッリーノの未亡人は国葬の申し出を拒絶した。警察官や治安警察官(カラビニエーレ)のあいだにはマフィア捜査官などの要人警護を拒否する動きすら生まれた。北部同盟の理論的支柱となり、イタリアを北部はパダーニア共和国、中部をエトルリア共和国、それ以外を南部に三分割することを唱えていたミラノ・カトリック大学の政治学者ジャンフランコ・ミーリオ教授は、これ以上マフィアにイタリアが汚染される前に、もうシチリアは独立させたほうがよいと主張した。イギリスの『オブザーヴァー』紙は、もうこれは戦争であり、イタリアは欧州の「バナナ共和国」に転落しつつあると揶揄(やゆ)した。

アマート首相はその翌日の七月二〇日に二〇〇〇人の警察官と治安警察官をシチリアに派遣した。七月二三日には七〇〇〇人もの陸軍正規兵の派兵を決定した。事実上の非常事態宣言である。こうした軍事的な示威行為だけではマフィアの問題が解決できないのは言うまでもなかった。それにもかかわらずイタリア共和国が初めて軍事力をもってマフィアと直接対決するという意思表示をした、その心理的効果はまちがいなく大きなものであった。

財政破綻と冬の時代

その一方で、すでに述べたように、アマート政権は発足直後から、これとは全く性格を異にする財政破綻という大問題に直面していた。イタリア銀行総裁カルロ・アゼリオ・チャンピは、すでに政権発足前の五月三一日の会計年度末報告でそれを指摘し、大幅な歳出削減の必要を訴えていた。物価上昇率が六・四％、財政赤字はGDPの一二・五七％(欧州連合条約が定めた収斂(しゅうれん)基準は三％以下)、累積公共債務はGDPの一〇三・九八%(同じく六〇%以下)に及んでいたからである。そして、ここまで脆弱な状態に陥っていたイタリア経済に欧州通貨危機が襲いかかることになった。

欧州通貨危機は六月二日の「デンマーク・ショック」をきっかけとして始まった。デンマークは欧州連合条約の批准を国民投票で反対五〇・七%、賛成四九・三%の僅差で否決した。しかもフランスのミッテラン大統領はその翌日にフランスでも九月二〇日に国民投票を行うと発表した。世論調査ではフランス国民の六〇%がこの条約を支持していたので、ミッテランは国民投票でデンマーク・ショックを払拭するとともに自らの人気を回復しようと目論んでいた。ところが、その後は欧州連合条約に対する支持率が低下しはじめ、フランスでもデンマークに続いて批准が否決されるという懸念が高まっていった。

こうした懸念を背景として、七月二日にはアメリカによる公定歩合の〇・五%の引き下げを機に、巨額のドイツ・マルク買いと、弱い通貨と見なされたイギリス・ポンドやイタリア・リラの売り浴びせが始まった。それに輪をかけたのは七月一七日のドイツによる公定歩合の〇・七五%の引き上げであった。ドイツ統一にともなう通貨供給量の増大とインフレ圧力を抑制するための措置であった。イギリスやイタリアの政府は市場介入と公定歩合の引き下げを繰り返したが、ポンドやリラは暴落しつづけて、為替相場メカニズム(ERM)が定めた下限値を割りこんでしまい、九月一六日の「暗黒の水曜日」を迎えることになる。イギリスもイタリアも、ついには市場介入義務を放棄するとともに欧州通貨制度(EMS)からの離脱を余儀なくされた。リラはその後も暴落しつづけ、七月二日に対マルク七六〇リラが九月一六日には八一六リラ、一〇月六日には九九〇リラにまで下落した。暴落に一応の歯止めがかかるのは一一月の半ばを待たなければならなかった。こうしてイタリアは債務不履行という国家の存亡にも関わる深刻な金融財政危機に陥ってしまったのである。

もっともアマート政権は、こうした非常事態を奇貨として歴史的な政策転換に成功した。構造汚職の大量摘発に世論の関心が集中していた一方、医療費・年金費・公務員給与・地方自治体交付金の抑制、独立自営業者への「ミニマム・タックス」、不動産所有税、預貯金金利課税、企業資産所有税、公営企業の民営化、労使の合意に基づく「所得政策」の導入(一時的な賃金凍結)といった画期的な政策があっという間に決められていった。こうして一二月二二日に成立した一九九三年度予算は四一兆七〇〇〇億リラの歳出削減をともなう史上稀にみる超緊縮予算となった。

それは「黄金の八〇年代」の夢にまだまどろんでいたイタリア国民にとっては厳しい冬の時代の到来を意味していた。金権腐敗政治の横行や利益誘導政治の蔓延も元をただせば財政規律を失った放漫財政の産物に他ならなかった。欧州連合条約が薔薇(ばら)色の未来を約束した欧州経済通貨統合は、イタリアからすれば、財政規律という厳しい「拘束衣」を纏(まと)わされるという、かつて経験したことがない強力な「外圧」にさらされ続けることを意味していた。いずれにせよ、もうこのままでは、イタリアが共通通貨ユーロにも参加できない「セリエB」の二流国に転落し、欧州の「バナナ共和国」となってしまうのは必至だと思われていたのである。

2　ベルルスコーニの政界出馬

不吉な事態

ベルルスコーニの持株会社フィニンヴェスト社は、一九九一年四月三〇日にイタリア最大の出版社であるモンダドーリ社の獲得に成功するなど表向きは絶好調のように見えたが、じつは重大な経営危機に直面していた。総売上高は一九八七年から九一年までに二兆六〇〇〇億リラから一〇兆リラに増えたものの、純利益は五〇〇〇億リラから一一〇〇億リラに減少し、利益率は一％にまで低下していた。たしかに一九九二年の総売上高は一〇兆四六九〇億リラとイタリア第四位の座を誇るものとなっていたが、一兆一一〇億リラの赤字を出していた。それればかりか四兆五二八〇億リラの負債を抱えており、それは純資産の三・三四倍にまで達していた。その最大の原因は急激な経営多角化の失敗であった。なかでも一九八八年に買収した一万七〇〇〇人もの従業員を抱えるスーパーマーケットの全国チェーン「スタンダ」の売り上げが期待通りに伸びず大きな重荷となっていた。また、一九九〇年に買収した有料テレビのテレピューーの契約数も一向に増えなかった。そのため一九九三年一〇月五日には、辣腕を揮うことで知られたフランコ・タトゥーが、融資銀行団から経営立て直しのために代表取締役として送り込まれてくるという非常事態にまで追い込まれていたのである。

ベルルスコーニが政界参入の可能性を探り始めるのは、こうしたフィニンヴェスト社の深刻な経営危機の時期と一致していた。ベルルスコーニにとって最大の政治的後ろ盾であった社会党のクラクシ書記長は、すでに一九九二年一二月一五日に検察の捜査通告を受けており、翌一九九三年二月一一日には書記長を辞任した。同じ年の三月二七日には、戦後七期も首相を務めたアンドレオッティ終身上院議員までもがマフィア幇助容疑でパレルモ地方検察庁の捜査通告を受けることになった。それどころかミラノ地方検察庁の捜査が始まって以来およそ二年足らずのうちに、キリスト教民主党や社会党を始めとする連立与党のみならず、少数ではあったが左翼民主党をも含む上下両院議員のおよそ六分の一に相当する一六〇人が汚職の嫌疑を受けるという未曽有の事態が生じていた。

こうした事態の「政治的解決」のために、アマート政権のジョヴァンニ・コンソ法相は、三月六日、政治資金規正法違反の容疑者に関しては免責するという暫定措置法案を提出した。だが世論の猛反発を受けてスカルファロ大統領が署名を拒否したことから撤回を余儀なくされた。戦後政党政治を担ってきた伝統的「政治階級」は総崩れとなっていたのである。もはやかつてのように有力政治家の「庇護」を受けることで、実業家が新規事業の展開を試みたり、経営危機の打開を図ったりできるような状況では全くなくなっていた。

それに加えて、二月二二日にはイタリアを代表する大手民間企業フィアット社の二人の重役フランチェスコ・パオロ・マッティオーリとアントニオ・モスコーニが逮捕され、三月九日には巨大な国家持株会社であるENI(炭化水素公社)の総裁ガブリエレ・カリアリが逮捕される(七月二〇日にはミラノのサン・ヴィットーレ刑務所内で自殺した)といったように、すでに企業の側においても三〇〇〇人もの人々が汚職捜査の対象となっていた。フィニンヴェスト社に司直の手が及ぶのは時間の問題であると考えられていた。

事実、五月一八日にはダヴィデ・ジャカローネが逮捕された。彼は共和党のオスカル・マンミ郵政相の顧問として、公共放送RAI三局とベルルスコーニの民放三局の「複占体制」を認める一九九〇年のマンミ法(第1章を参照)の原案を作成した見返りに、フィニンヴェスト社から六億リラの賄賂を受け取っていた(しかも、その後は同社の顧問に採用されていた)。六月一八日にはフィニンヴェストの社長コンファロニエーリの顧問を務めていたアルド・ブランケルが逮捕された。保健省のエイズ防止広告を受注するために社会党と保健相の秘書官の双方に三億リラの贈賄を行ったという容疑であった。六月二二日にはフィニンヴェスト社の本社がコンファロニエーリとブランケルによる社会党への贈賄や脱税の容疑で初めて家宅捜索を受け大量の書類が押収された。またアルコレ邸にも財務警察の捜査が入った。いずれの事件も、のちには時効や証拠不十分で無罪となるが、当時のベルルスコーニにとっては、前途に暗雲が垂れこめ始める不吉な事態の到来を意味するものに他ならなかった。

じつはフィニンヴェスト社が捜索を受ける前の四月四日にアルコレ邸を訪ねてきたクラクシ書記長はベルルスコーニに政界に出馬するよう促していた。これまで与党連合を支持してきた有権者をまとめることができる「ブランド、新しい名前、シンボル」を見つけ出さなければならない。そして、全国に人材を有する君ならば、今は迷って混乱してはいるが、共産主義者の政府だけは御免蒙りたいと考える有権者をまとめることができる。君だけが「救われるべき者を救うことができる」と激励していた。クラクシを見送りながら、ベルルスコーニは「今やっと何をなすべきかが分かったよ」と答えたといわれている。

セーニの「政治改革」

しかしベルルスコーニの不安をよそに、イタリアの政治状況は時々刻々と混迷の度を深め流動化しつつあった。というのも、セーニが「政治改革」を真正面に掲げて提起した一九九三年四月一八―一九日の国民投票において、じつに八二・七%もの有権者が上院選挙法の改正に支持を与えていたからである(投票率も七七%に達した)。

この提案は著しく難解な法技術的性格を持っていた。上院選挙法では定数(三一五議席)の四分の三が単記多数決制すなわち小選挙区制によって選出されると定められていた。また同法第一七条第二項により小選挙区制では六五％以上の得票が当選の条件とされていた。しかし実際にはこの条件の下で当選する候補者は皆無だった。そのため小選挙区制の議席も残りの四分の一と同じく州単位の比例代表制によって選ばれるものとなっていた。そこで、国民投票によってこの第一七条第二項を廃止することで、事実上死文となっていた上院議席の四分の三にも及ぶ小選挙区制を復活させようというのが、セーニの提案であった。

それは、一九四八年に施行されたイタリア共和国憲法が定めた選挙制度である比例代表制の(少なくともその相当部分)を廃止して、新たに単記多数決制すなわち小選挙区制を導入することを意味していた。比例代表制は、一般に、少数意見をも含む民意を最も忠実に反映する最も民主主義的な選挙制度であるといわれている。とくにイタリアでは、反ファシズムとレジスタンスの成果であり、戦後民主主義の象徴でもあった。というのも共和国憲法は「保障主義」憲法といわれ、ファシスト独裁に結びつきかねない「強力な政府」の成立を阻むために、幾重にも対抗権力(大統領、対等な権限をもつ上下両院、憲法裁判所、州政府、国民投票など)を設定するとともに、比例代表制を通してすでに固有の組織基盤を確保していた反ファシスト諸政党の利益代表をも保障していたからである。それゆえ比例代表制の廃止は四五年もの長きにわたり戦後イタリア政治の根幹をなしてきた「ゲームの規則」の大転換を意味していた。

それでは、なぜ比例代表制は忌避されることになったであろうか。それは比例代表制のせいで政権交代が起こらないと考えられたからである。また比例代表制には多党制をもたらす傾向があり、それゆえに連立政権の形成が不可避となるため、不安定な政権となりがちであるとされていた。しかしイタリアでは、政権交代がなかったことから万年与党(優越政党)となったキリスト教民主党を中心とする連立与党間の「棲み分け」(共存体制)が固定化されていく。また比例代表制は連立与党間(さらにはキリスト教民主党の派閥間)で国家資源や利権や役職を「山分け」するための配分原則として適用されることにもなった。いいかえると有権者の意思とは全く無関係に、連立与党間の談合によってあらゆる政治的決定が私物化されるようになる。このような「政党支配体制」が「市民社会」を占拠したことによって、利益誘導政治と政治腐敗が常態化しただけばかりか、国家財政まで破綻してしまった。そして、その唯一可能な打開策が選挙制度改革だとされたのである。

　諸悪の根源である比例代表制が廃止されて小選挙区制が導入されるならば、いずれはイギリスのような二大政党制が成立し、政権交代が可能な民主主義が実現される。また有権者が政権選択をとおして本来の「主権」を回復する一方、政権も多数派となった有権者の直接的な負託を受けることで意思決定能力を高めることにより「統治能力」を回復する。このように国民投票が提起した政治改革の目標は単純明快であった。だが、それに至る道筋が実際にどうなるかは運命に委ねる以外誰にも分からなかった。選挙制度という「ゲームの規則」さえ変えることができれば政治改革が実現する。もしそれが本当なら、もうそれは魔法の杖である。一夜にしてイタリアがイギリスのような二大政党制の国になる。どうしてイタリアの市民はそんな手品のような話にすがりつこうとしたのであろうか。後知恵からは何とでもいえようが、セーニが唱える「政治改革」は、泥沼の危機に呻吟するイタリアの市民にとって最後に残る希望であるかのように見えたにちがいない。

決断

アマート政権は国民投票の結果を受けて失脚した。アマートがいかに有能な政治家であったとはいえ、すでに七人もの閣僚が辞任を余儀なくされるなど、所詮はクラクシの仲間と見なされたのである。やむなくスカルファロ大統領は伝統的な政党政治の枠組みを超えた「大統領の政府」の組閣をイタリア銀行総裁のカルロ・アゼリオ・チャンピに委ねた。チャンピは一九二〇年の生まれで当時はすでに七二歳であった。イタリア有数のエリート校であるピサ高等師範学校を卒業するが行動党に入ってレジスタンス闘争にも参加したという経験の持ち主で、一九七九年以来イタリア銀行総裁を務めていた。

こうして一九九三年四月二八日、イタリア共和国史上初めて首相が国会議員ではない政権が誕生した。この政権には、経済学者のルイージ・スパヴェンタや憲法学者であり行政学者でもあったサビーノ・カッセーゼといった権威ある専門家のみならず、戦後政治の「禁忌」を初めて破り、左翼民主党から三人、緑の党からも一人が入閣していた。もっとも政権発足直後の四月二九日に下院がクラクシに対するミラノ地方検察庁からの訴追許諾請求を否決したため、それに抗議して左翼民主党と緑の党の四閣僚は直ちに辞職してしまうことになった。翌三〇日にはローマ中で抗議集会が開かれ、ローマの定宿であったラファエル・ホテルの玄関に出てきたクラクシに向かって群衆は硬貨を投げつけた。このニュース映像は幾度となく放映されクラクシの凋落(ちょうらく)を決定的に印象付けるものとなった。

ベルルスコーニにとって、チャンピ政権の誕生は重大な脅威であった。すぐに辞めたとはいえ左翼民主党や緑の党が政権に参加する時代が到来したことを示していたからである。

この二つの政党に加えて北部同盟やネオ・ファシスト政党のイタリア社会運動もクラクシに対する抗議運動に参加していた。もはやベルルスコーニの政治的な後ろ盾となる政党はどこにも存在しなかった。さらに権威ある専門家が要職を占めたチャンピ政権が、独占禁止法の観点から一九九〇年のマンミ法の見直しを図ることは必至であると考えられていた。また議会では、ECがテレビの番組本体と広告との分離が必要であるとして、テレビ番組による販売促進を禁止する勧告を出したことから、その法制化が議論されつつあった。こうしたテレビ販促はマイク・ボンジョルノなど人気キャスターを擁するベルルスコーニの民放番組の十八番であり、その莫大な広告料収入は経営危機に瀕していたフィニンヴェスト社にとって死活的に重要なものであった。その民放の一つであるカナレ・チンクエの番組で、人気キャスターの一人であるマウリツィオ・コスタンツォは「禁止することを禁止する」というキャンペーンを展開し、テレビ販促の禁止に反対するファックスや電報を時の郵政大臣に送るよう視聴者に呼びかけていたのである。

一九九三年七月一〇日、ベルルスコーニはフィニンヴェスト社の側近たちをアルコレ邸に呼び集めて内輪の会合を持った。そこで初めて非公式ながら彼の政界出馬が検討された。じつは広告会社プブリタリア社の社長デッルットリは、ほぼ一年前の一九九二年五月頃から、ミラノのキリスト教民主党員であったエツィオ・カルトットを自らの顧問に採用し、その可能性を極秘裏に探り続けていた。もし近い将来において左翼が権力を握るようなことがあれば、フィニンヴェスト・グループ全体が崩壊するかもしれない。それゆえ坐して死を待つよりは打って出た方がよい。デッルットリはこのような主戦論を唱えた。それに賛成したのはプレヴィティだけで、コンファロニエーリやジャンニ・レッタといった側近たちはこぞって反対した。しかし、この時ベルルスコーニはやると決断したといわれている。こうして彼の政界出馬の地ならしが一気に加速していくことになった。

着々と準備を進める

ミラノの名門私学であるボッコーニ商科大学で政治学の教鞭をとり自由党の顧問でもあったジュリアーノ・ウルバーニ教授は、七月二八日付の『コッリエレ・デッラ・セーラ』紙において、このままではイタリアの議会は北部同盟と左翼民主党という、すべての政策面で両立不可能な政党に支配されることになり、深刻な政治的不安定が生じる恐れがある。それを回避するには、政治的空間の真ん中にできた巨大な空白を埋めることができる新たな政治勢力を創出する必要があると論じた。そして北部同盟のぽっと出の素人政治家に対抗するだけではなく、北部の「新興ブルジョワジー」が求めてきた個人主義と市場の自由に逆らおうとする元共産党員の集団主義と国家主義にも対抗していかなければならないとしていた。そして九月にはミラノで「善政を求める」協会を結成した。ウルバーニもベルルスコーニもすぐさま否定したが、これがベルルスコーニの意を受けた新党結成のための「別働隊」であることは歴然としていた。ウルバーニも含め会員の多くが新党の重要なメンバーとなっていったからである。

　ベルルスコーニの「政治企業家」としての本領は政治の「技術革新(イノヴェーション)」において発揮された。新商品の開発と販売の手法を政治の世界にも導入したのである。七月には世論調査会社アバクスに依頼して二〇〇〇人の市民を対象とする知名度調査を行った。ベルルスコーニを知っている市民は九七％に及び好感度も高いと判明した（当時の首相チャンピの知名度は五一％に止まった）。そして七〇％が政治改革には既存の政治家ではなく「アウトサイダー」が望ましいとし、七八％が大学教授や企業家など高度な専門能力を有する新たな人材からなる自由民主主義運動の誕生を期待していることが分かった。

それに続いて、マクノ、ソフル、イクスプレインの三つの世論調査会社に依頼して、フォーカス・グループの手法による世論分析を行った(二〇〇〇人の有権者を対象に八〇項目の質問をしてその回答を分析した)。その結果、次のようなことが明らかになった。深刻な政治不信のなかであらゆる既成政党が嫌悪されている。新たなエリートの出現が待望されている。高度な専門能力を持ちながらも、分かりやすい言葉がしゃべれて約束が守れる、誠実で権威のある穏健な指導者が望まれている。失業と累積公共債務の解決が最大の政治課題と考えられている。

そして、それだけではなく、国民投票運動を推進したセーニあるいはベルルスコーニに、新しい指導者像を見出していることも判明した。ベルルスコーニについては、「有能」「モダン」「専門能力」「実行力」「説得力」といった長所が認知されていた。また彼の潜在的な支持層の特徴は、若い男性(それに次いで主婦)、世俗化がそれほど進行していない北部の地方都市の住民、職業は独立自営業者と専門自由職、フィニンヴェスト系列の民間テレビ放送の視聴者、政党支持は北部同盟、イタリア社会運動、自由党であることが分かった。

ベルルスコーニは九月二七日にフィニンヴェスト社の視聴率調査担当局長とスタンダ社の不動産開発部長に、ダイクロン社という新たな世論調査会社の設立を命じた。

二〇人のマーケティング専門家と一五〇人の電話調査員が勤務し、その半数はフィニンヴェスト社マーケティング局からの出向であった。そのほか、およそ四〇人の社外コンサルタントを雇用した。ダイクロン社は五〇〇人の市民に電話で毎日一〇から一五項目の質問をし、その回答を継続的かつ系統的に分析することを任務としていた。そして、その結果は、一日おきにベルルスコーニに報告されることになっていた。

その一方、ベルルスコーニはプブリタリア社のデッルットリ社長に対して、上下両院の小選挙区候補者の「ヘッド・ハンティング」を命じていた。というのもイタリアの議会は四月一八—一九日の国民投票の結果を受けて、八月四日に新たな選挙法を制定していたからである。これによって上院のみならず下院でも小選挙区比例代表並立制が導入されることになった。下院の定数六三〇議席のうち四分の三を単記多数決制（小選挙区制）、残り四分の一を二六の比例選挙区からなる比例代表制とし、それぞれに各一票、計二票を投票することになった。それゆえ特に小選挙区の候補者の選抜が急務となっていた。プブリタリア社の二六の地域担当部長が中心となっておよそ六〇人の幹部社員が選抜に当たり、延べ四〇〇〇回もの面接が実施されたという。彼らが理想とした候補者像は明確であった。すなわち四〇歳代であること、職業人としての成功者であること、選挙区民によく知られ尊敬されていること、政治的経験がないこと、道徳上また司法上の疑惑がないこと、自由民主主義の信念の持ち主であること、である。こうして翌一九九四年二月二八日には、二七六人の候補者の擁立が宣言されることになった。

このようにして、ベルルスコーニは少なくとも一九九三年七月以降には新政党を率いて政界に出馬する準備を着々と進めていた。それにもかかわらず世間に対してはその可能性を否定し続けた。国民投票運動のセーニや、同年七月二五日にキリスト教民主党をイタリア人民党(一九一九年に生まれ、ファシスト政権によって一九二六年に解散させられたイタリア初のカトリック政党)に改称して出直したたばかりのミーノ・マルティナッツォーリ幹事長と頻繁に接触し、あたかも、かつてのキリスト教民主党のような穏健中道勢力の再結集を側面から支援しているかのような印象を世間に与え続けた。

そんなベルルスコーニではあったが、自らの政治的立場を初めて公にする機会がついにやってくることになった。それは一一月一〇日(および一二月五日)に行われた地方選挙である。すでに三月に成立していた新しい地方選挙法によると、人口一万五〇〇〇人以上の都市では市長の直接選挙が実施され、一回目の投票で五〇%以上の得票者がいない場合には、二週間後に上位二者の決選投票が行われることになっていた。こうして一一月二一日にはパレルモで反マフィア運動の「レーテ」を率いるレオルーカ・オルランドが七五%の得票を獲得して圧勝した。そればかりか一二月五日の決選投票の結果、ローマ(緑の党のフランチェスコ・ルテッリ)、ナポリ(左翼民主党のアントニオ・バッソリーノ)、ジェノヴァ(左翼民主党のアドリアーノ・サンサ)、ヴェネツィア(哲学者のマッシモ・カッチャーリ)、トリエステ(コーヒー製造業者のリッカルド・イリー)といったすべての主要都市で左翼民主党を中心とする中道左派の進歩主義者同盟が勝利を収めた。

そして、この時初めてベルルスコーニは、ローマ市長選挙に立候補したイタリア社会運動のジャンフランコ・フィーニ書記長に対する明確な支持表明を行った。イタリア社会運動は一九四六年の結党以来、ネオ・ファシスト極右政党として戦後政党政治の枠組みからはつねに排除されてきた。しかし一九八七年に書記長に就任したフィーニ（一九五二年生まれ）の下で穏健化を遂げ、ローマ市長選挙では決選投票に敗れはしたものの、一回目の投票では三二％もの得票を得ることに成功していた。ベルルスコーニにとって進歩主義者同盟の躍進は不吉な予兆である一方、イタリア社会運動の健闘は一筋の光明であった。ベルルスコーニが政界出馬を宣言するための唯一無二の舞台装置が整えられつつあった。

3　フォルツァ・イタリア

「軽い」組織政党
「即席」政党

ベルルスコーニは、一九九三年一一月二五日、ミラノにフォルツァ・イタリア・イタリア・クラブ全国協会を設立した。「フォルツァ・イタリア！」とは「イタリアがんばれ！」あるいは「フレー！　フレー！　イタリア」といったことを意味する。オリンピックや各種スポーツの世界選手権大会でイタリアを応援するときの「掛け声」である。したがって、この言葉にはもともと政治的な含意は全くなかった。もっともキリスト教民主党が一九八七年総選挙でこれをスローガンとしたことがあるので、必ずしも初めて用いられたというわけではない。それはともかくベルルスコーニがこの名称を選んだのは、自らが会長を務める人気サッカー・チームACミランのイメージにあやかりたかったからである。あたかもサッカーのファン・クラブのように、普通の市民が自発的に組織した明るく健康的なボランティア団体であるかのように見せたかったのである。それゆえイタリアのオリンピック選手団と同じ青色をシンボル・カラーとした。彼の基本的な狙いは、戦後イタリア政治を支配した大衆組織政党の「重さ」に対して、普通の市民からなるネットワーク型クラブ組織の「軽さ」を対置することにより、冷戦後の脱イデオロギーと脱政党の時代にふさわしい新機軸を打ち出すことにあった。

しかしフォルツァ・イタリアの地方クラブを設立するうえで中心となったのは、じつはフィニンヴェスト系列の保険金融会社プログランマ・イタリアの全国支店網であった。同社は「フォルツァ・イタリア・クラブ設立要綱」という冊子を顧客に配布して設立要請を展開した。そして同年一二月末からは自社系列テレビでスポット広告を流し、フリーダイヤルの電話に申し込みさえすれば誰でもそのクラブの会長になれるという宣伝を行った。こうして一九九四年三月の総選挙までに一万四二〇〇件に上るクラブ設立申請があり、会員総数も一〇〇万人に達したという。また一九九四年二月六日にローマで開催された第一回全国「コンヴェンション」

――あえて英語の呼称が用いられた――では、全国に六八四〇のフォルツァ・イタリア・クラブが設立されたとの報告がなされた。

クラブの会長は五〇万リラを支払って「会長キット」を購入することになっていた(一般会員の会費は二万五〇〇〇リラであった)。「会長キット」には、フォルツァ・イタリアのロゴ入りの旗、バッグ、ワッペン、キーホルダー、ペン、腕時計、ネクタイなどのガジェットが入っていた。他方、ミラノのフォルツァ・イタリア・クラブ全国協会には専従職員が三人しかいなかった。それゆえ総選挙の時にはおよそ二〇〇〇人の学生を中心とするボランティアによって運営がなされたといわれていたが、実際にはそのボランティアにフィニンヴェスト系企業からの一時出向者が多数加わっていた。また各地方クラブの活動も全国協会のホスト・コンピューターによって集中管理されていた。

したがってフォルツァ・イタリアの実態は、普通の市民からなるボランティア団体のネットワークという見かけの姿とはほど遠いものであった。むしろフィニンヴェストという民間企業グループが総力をあげて短期間のうちに仕立て上げた「即席」(インスタント)政党といったほうがよかった。他方、フィニンヴェストが資金や資源や人材のほとんどを提供したばかりか、それによって生まれた政党が本質的には私企業経営者の所有する私有財産と見なされていたという意味においても「私企業」政党であった。ピラミッド型に組織されたおよそ四万人の従業員が、一夜にして、私企業経営者すなわち政党指導者に対して絶対的な忠誠を誓いつつ、きわめて効率的に働く選挙マシーンに変身を遂げていったのである。先進民主主義国でも例を見ない、特異な政治の「民営化」(私有財産化=私物化)現象といわざるをえなかった。

それだけではなく、フィニンヴェストがたんなる普通の民間企業ではなく、民間商業テレビ三局をすべて独占し、そのテレビ視聴者占有率が四二%、新聞出版物の広告市場の占有率は三五%、テレビの広告市場の占有率は六〇%にも及ぶ、巨大で複合的なメディア産業の独占企業体であったことを忘れるわけにはいかない。もし、こうした条件がなかったとしたならば、ごく短期間におけるフォルツァ・イタリア・クラブの電撃的な組織化も絶対に不可能な企てであったにちがいない。

政界出馬のシナリオ

このようにベルルスコーニは一九九三年の夏から着々と政界進出の準備を進めていた。だが自分自身の政界出馬は最後まで否定し続けた。そしてスカルファロ大統領によって議会が解散された後の一九九四年一月二六日になって初めて正式に政界出馬を宣言した。

「イタリアは私が愛する国です。私の根源も希望も地平もここにあります。私は父から、また人生から、企業家とは何たるかを学びました。ここで私は自由への情熱を理解するようになりました。私は公の世界に出馬し、それに専念することを選びました。なぜならば、私は、政治と経済の両面において失敗した過去と結びついた人々や未熟な勢力によって統治される非自由主義的な国に生きたくないからです」。

このような言葉で始まり、「私たちのために、私たちの子供たちのために、新たなイタリアの奇跡を創りだすことができるし、一緒に創りだしていかなければなりません」という言葉で終わる九分二四秒のビデオ・メッセージは、事前にアルコレ邸の書斎で家族写真を背景にして撮影されたもので、それを録画したカセットが各新聞社、放送局に送られた。

ベルルスコーニが政界出馬のライト・モチーフとして選んだシナリオは、祖国を共産主義者軍団の侵略から救うために、我が身の危険をも顧みず最後の決戦に挑む孤独な騎士の姿であった。実際、当時の世論調査では左翼の進歩主義者同盟の支持率は四〇％に及んでおり、総選挙におけるその勝利はほぼ確実視されていた。それだけにベルルスコーニが企てた政治の「劇場化」もあながち根拠を欠くものとはいえなかった。彼の振付師は、アメリカ人の選挙運動コンサルタントのボブ・ラザーニャだった。ラザーニャは、一九九二年のアメリカの大統領選挙に「改革党」(Reform Party)を率いて出馬し、およそ一九％もの得票を獲得することに成功したテキサスの大富豪ヘンリー・ロス・ペローの選挙戦術を基本的には踏襲した。ロス・ペローの「改革党」は莫大な資本投下によって購入された大量のテレビ宣伝のおかげで短期間のうちに立ち上げられた「即席」政党であった。そして、重要なことは自分が制作した選挙宣伝用ビデオを一方的に流し続ける「情報・広告」(インフォマーシャル)に徹することであり、間違ってもジャーナリストの取材に応じたり、ジャーナリズムの論戦に巻き込まれたりしないように気を付けることであった。事実、ベルルスコーニもRAIのみならず自社系テレビのトークショーにも数えるほどしか出演しなかった。他方、一〇週間の選挙戦で約一〇〇〇回にも及ぶ大量のテレビ・スポット広告を繰り返し流し続けたのである。

しかし選挙戦も中盤にさしかかった三月二三日のテレビ党首討論会だけは別であった(フィニンヴェスト系のカナレ・チンクエで放送された)。ベルルスコーニはダブルのスーツを着用しマニキュアまでほどこすなど周到な事前準備の上で出演したのに対して、左翼民主党のアキッレ・オッケット書記長は、不精髭の剃り残しばかりが目立つ、いかにも無骨な左翼運動の闘士という出立ち(いでたち)でテレビ討論会に臨んだ。オッケット書記長は、定石どおりベルルスコーニと社会党のクラクシ書記長との関係を突いたが、ベルルスコーニによって左翼民主党も共産党の時代には革新自治体で社会党と共闘していたではないかと軽くかわされてしまい、挙句の果てには、進歩主義者同盟が勝利しても、必ずしもオッケットが首相になると決まっているわけではないという、自らの弱点を認めざるを得なくなるところにまで追い込まれた。その一方で、ベルルスコーニは論点を巧みにすり替えていき、自分が首相になれば、まず一〇〇万人の雇用を創出する。そして国家からの自由、共産主義からの自由、重税からの自由を実現すると約束した。

分かりやすい言葉で、具体的な数字をあげながら、自らの「夢」を国民に語りかけたのである。このテレビ討論会でベルルスコーニが決定的な勝利を収めたのは言うまでもなかった。

「右翼」の〝発明〟

しかし、ベルルスコーニが導入した「技術革新」は、このような選挙宣伝の次元だけに止まるものではなかった。それよりもはるかに画期的な「技術革新」を選挙カルテルの次元で実現することに成功した。すなわち「右翼」の〝発明(インヴェンション)〟である。というのも、フォルツァ・イタリアを媒介項として、国家主義を唱えるネオ・ファシスト政党のイタリア社会運動(一九九五年一月から国民同盟に改称)と、地域分離主義を唱える北部同盟を結びつけることにより、あたかも水と油を融合したような、前代未聞の「右翼」連合の創出に成功していたからである(一般には中道右派連合と呼ばれるようになる)。

すでに述べたように、イタリア社会運動は極右ネオ・ファシスト政党として戦後イタリアの政党政治から排除されてきた。キリスト教民主党もしばしばこれと連立を組む誘惑に駆られたが、結局は断念して社会党との中道左派連立政権の道を選択することになった。しかしベルルスコーニは、こうした戦後イタリア政治のタブーをいとも簡単に打ち破って、それにまっとうな政党としてのお墨付を与える役割を果たしたのである。

イタリア社会運動の一九九二年総選挙における下院での得票率は五・四%、議席数は三四で見た目にはそれほど大きな政治勢力ではなかった。しかし西欧民主主義国のネオ・ファシスト政党としては最大の組織力を誇り、大衆政党としての構造を備えていた。その主要な組織基盤はローマと南部イタリアにあった(得票の約六〇%を南部が占めていた)。そして戦後イタリア政治の「アウトサイダー」であったことから政治腐敗を免れており、法と秩序の回復を唱えることによって急速に大きな支持を集めるようになっていった。

また北部同盟が唱えた南部切り捨て論や南部出身者排斥論に傷つけられた南部の人たちの不満に格好のはけ口を与えることにもなっていた。

一九九四年二月一三日にベルルスコーニは国民同盟のフィーニ書記長と選挙同盟「善政の極」を結成することで合意した。これによってイタリアの中部と南部の小選挙区の五五%が国民同盟に、三五%がフォルツァ・イタリアに割り当てられることになった(残り一〇%は他の小政党に割り当てられた)。

ところが、その二日前の二月一一日に、ベルルスコーニはウンベルト・ボッシの北部同盟と選挙同盟「自由の極」を結成することで合意していた。こうして北部の小選挙区の七〇%が北部同盟に割り当てられていたのである。ボッシはかねがねファシストの国民同盟と選挙協定を結ぶ意思はないと公言してきた。それゆえ北部同盟と国民同盟がこの総選挙を一緒になって闘うことは絶対にありえないと考えられてきた。しかし、ベルルスコーニはこの難問をいとも簡単に解決してみせたのである。フォルツァ・イタリアを媒介項として、北部の「自由の極」、中部と南部の「善政の極」という地域を異にする二つの選挙同盟を締結することによってジレンマを乗り切ることに成功した。北部同盟には、もし単独で総選挙を闘った場合、北部では勝利を収めることが確実であるとしても、全国的には少数派に止まらざるをえないという決定的な弱みがあった。そうした弱みを見透かしていたからこそ、ベルルスコーニは変則的なブリッジ共闘方式を提案することにより、ボッシとの合意を取り付けることができたのである。

いずれにせよ、「自由の極」と「善政の極」との間には直接的な結びつきがなかったばかりか、最小限の政策協定すら締結されていなかった。両者の共通項は漠然とした反共産主義と進歩主義者同盟の政権奪取阻止だけであった。しかも「自由の極」と「善政の極」の要に位置していたのは、フォルツァ・イタリアという政党ではなく、ベルルスコーニ個人であった。選挙戦が進んでいくなかで、ベルルスコーニ個人の役割はますます強まっていった。それどころか、ベルルスコーニの人格をめぐる「人民投票（プレビシット）」の様相さえ帯び始めていく。その意味において、まさしく「政治の人格化」が進行していったのである。

第4章
長い過渡期
模索するイタリア

中道左派連合「オリーヴの木」のロゴマーク

1 「第一共和制」の終焉――一九九四年総選挙

大成功

一九九四年三月二七日と二八日の両日、小選挙区比例代表並立制という新しい選挙制度の下で初めての総選挙が行われた。そして、およそ四八〇〇万人の有権者のうち八一二万人がベルルスコーニのフォルツァ・イタリアに投票した。下院比例区での得票率は二一%に達し、結成からわずか三カ月にして堂々、下院の第一党となった。それればかりか、中道右派連合(「自由の極」と「善政の極」)も、下院(定数六三〇議席)のうち三六六議席(得票率四二・九%)、上院(定数三一五議席)のうち一五五議席(得票率四〇・四%)を獲得した。上院では過半数に三議席不足していたが、上下両院の多数派を占めることに成功していた。

これに対して、左翼連合の進歩主義者同盟は下院比例区での得票率にして三四・四%、二一三議席、中道連合「イタリアのための協定」は一五・七%、四六議席に止まった。また上院でも、左翼連合は三二・九%、一二二議席、中道連合は一六・七%、三一議席という結果に終わった。

ベルルスコーニにとって、この総選挙が大成功であったことは、いうまでもなかった。ところが、彼自身は事前予測からフォルツァ・イタリアが少なくとも二七%の得票率は得られると信じていた。しかし実際には二一％に止まり、第二党の左翼民主党との差はわずか〇・六％に過ぎなかった。それゆえ、オッケット書記長が敗北を宣言するまで、ベルルスコーニは勝利宣言を控えざるを得なかったのである。事実、中道右派連合の得票率も四二・九％に止まり、もし新しい選挙制度の下でなければ、政権獲得に必要な議席の過半数を得ることはできなかった。新しい選挙制度のおかげで、下院の五八％の議席を獲得することができたのである。中道右派連合と左翼連合との下院の得票率の差も八・六％に過ぎなかった。したがって、例えば、有権者の四％、およそ一五〇万人が中道連合から左翼連合に票を移すだけで、正反対の結果を引き起こすということも十分にありえたのである。

したがって、この総選挙はフォルツァ・イタリアの大勝利というよりも、むしろ「自由の極」と「善政の極」を結びつけるという巧みな選挙同盟戦術が功を奏したといったほうがよかった。フォルツァ・イタリアは一四九人の上下両院議員（下院一一三、上院三六）を擁することになったが、そのうち五〇人までもが広告会社プブリタリアの社員であるという「私企業」政党であった。まさにベルルスコーニの「パーソナル」政党に他ならなかった。それゆえ、この政党だけであったならば政権基盤はきわめて脆弱なものとなっていたに違いない。

国民同盟は下院比例区で一三・五％を獲得するという大成功を収めた。他方、北部同盟は八・四％に止まった。というのも前回の総選挙で北部同盟に投票した有権者の三一％が今回はフォルツァ・イタリアに投票したからである。そのため、すぐさま両者の対立が生じることになる。それはともかく、もしこれら二つの新興勢力と同盟することによって、イタリア共和国史上画期的ともいえる「右翼」の〝発明〟がなされなかったとするならば、ベルルスコーニ政権の誕生もありえなかったといえよう。

政党支配体制の瓦解

いずれにせよ、この総選挙は歴史的な転換点を記すものとなった。そして、この総選挙をもってイタリア第一共和制は終焉したといわれることになる。だが、それはフランスでシャルル・ド・ゴールが実施した第五共和政への体制転換になぞらえられた比喩的な表現でしかなかった。イタリア共和国憲法の改正によって体制転換が行われたわけではなかったからである。そうはいっても第一共和制の〝終焉〟という表現には、それなりの根拠があった。イタリア共和国憲法の下で第一回総選挙が実施されたのは一九四八年四月一八日のことである。その総選挙においてキリスト教民主党は得票率四八・五%を獲得し上下両院で単独過半数を占めるという大勝利を収めた。それ以来四六年もの長きにわたり、イタリアの政治を支配し続けてきたキリスト教民主党と、それを中心に構築されてきた戦後の政党支配体制が、ついに一九九四年総選挙で瓦解してしまったのである。

驚くべきことに、この総選挙では、つい二年ほど前には、まだそれなりの勢力を保って重要な役割を果たしてきた伝統的な諸政党の名前が、すべて消滅してしまうことになった。共和党や自由党、民主社会党のような世俗的な小政党は完全に消滅した。社会党は存続したとはいえ事実上、壊滅した。キリスト教民主党は一九九三年に人民党に改称したが、右派が分裂してキリスト教民主センターを結成した。共産党はいち早く一九九一年に左翼民主党に変身していたが、反主流派は共産主義再建党を立ち上げていた。戦争や革命や内戦やクーデタといった大動乱の時期ならいざ知らず、成熟した民主主義国でこのような事態が生じることは、歴史的に見てもほとんど例がなかったといえよう。

その一方で、フォルツァ・イタリアや北部同盟といった新興勢力が急激な台頭を示すことになった。しかも権力の座についた新たな多数派連合には、国民同盟と改称したネオ・ファシスト政党のイタリア社会運動が参加していた。イタリアの戦後史上初めて明示的な「右翼」を構成要素とする政権が誕生することになった。こうした新興勢力が台頭したことによってイタリアの「選挙市場」では政治的「供給」の側に劇的な変化が生じたのである。これも成熟した民主主義国では特異な現象であるということができた。

「商品」としての人格

この総選挙のもう一つの重要な特徴は、いわゆる「政治階級」の新旧交代をもたらしたことである。下院議員の約七〇％、上院議員の約六〇％が新人議員であった。というのも汚職の容疑を受けた現職議員の多くが、たとえ起訴されなかったとしても立候補を断念せざるを得なかったからである。新たに設立された政党であるがゆえに当然のことではあるが、フォルツァ・イタリアの国会議員一四九人のうち九五％は新人であった。かつてのキリスト教民主党や社会党などから〝リサイクル〟された前議員や元議員はごくわずかであった。また、新たな国会議員の職業構成においても、職業政治家は一〇％に止まる一方、企業経営者、専門自由職、独立自営業者の比率が著しく増加した（フォルツァ・イタリアの国会議員の五四％がこれらのカテゴリーに属していた）。とくにフォルツァ・イタリアや北部同盟には、伝統的な「政治階級」による仲介を余計なものと見なし、自分たちの利益を直接的に代表しようとする傾向が明確に存在していたといえよう。

それまでのイタリアでは、「政府は不安定でも、政治家は安定している」と言われてきた。すなわち政権は平均で八カ月しかもたないのに、「政治階級」は世界的にも例を見ないほど長い「政治生命」を保持しながら、首相や閣僚や政務次官を始めとする多種多様な要職を何度も繰り返し占め続けてきた。こうした伝統的「政治階級」が一九九四年総選挙によって完全に一掃されてしまったのである。

それでは、ベルルスコーニとフォルツァ・イタリアの登場にはいったいどのような意味があったのであろうか。北部同盟がキリスト教民主党が築き上げた一党優位政党システムの崩壊に先鞭(せんべん)を付けたとすれば、フォルツァ・イタリアの登場はそれにとどめを刺すものであった。いいかえるとフォルツァ・イタリアは、強い地域主義的なバイアスを持つ北部同盟を全国展開が可能となるような形で「合理化」したものであった。それゆえ北イタリアにおいて両者はその後も激しく対立することになった。またフォルツァ・イタリアは、キリスト教民主党や社会党を始めとする五党連立体制を構成していた既成政党の崩壊によって行き場を失い浮動票化した膨大な数の穏健 - 保守有権者層にとって、北部同盟などよりもはるかに安定感のある格好の受け皿となった。

それだけではなく、ベルルスコーニとフォルツァ・イタリアの登場は、選挙運動のパターンを根底から変えてしまうことになった。政党のアイデンティティーやイメージを、その指導者の人格が代替することになったからである。それに先鞭を付けたのも北部同盟の指導者ウンベルト・ボッシであった。ボッシが公然と性や人種にまつわる過激で露骨な差別表現を繰り返したのも、小さな地域主義運動にマスメディアの目を向けさせるためであった。いいかえるとボッシの人格とパフォーマンスは、北部同盟にとって組織づくりに優るとも劣らない本質的な構成要素であった。デマゴギーも重要な選挙戦略だったのである。

しかしフォルツァ・イタリアにとって、ベルルスコーニの人格とパフォーマンスはそれ以上の意味を持っていた。それしか利用可能な「手段」がなかったからである。フォルツァ・イタリアは、総選挙の目前に急造されたボランタリー・クラブでしかなく、支持母体となるような既成組織の支援は一切なかった。唯一あるとすれば、フィニンヴェスト・グループの約三〇〇の関連企業(従業員総数四万人)だったが、それとても全国組織というにしてはあまりにも脆弱なものであった。さしあたり「選挙市場」で売り出すことのできる「商品」は、その指導者であるベルルスコーニの人格以外にはなかった。そこでベルルスコーニは、アメリカ合衆国の大統領選挙ですでに用いられてきたマスメディアを駆使した選挙戦術を模倣することになったのである。

一九九四年総選挙によって第一共和制は崩壊した。しかし、憲法改正にもとづく第二共和制への移行がどうなるかは、まだ誰にも分からなかった。それはともかく第二共和制に向けての「過渡期」が始まった。「過渡期」という限り、いずれは終わるとみんな信じていた。まさか一〇年、二〇年が過ぎても「過渡期」がまだ続くと考えた者はいなかったであろう。一九九四年当時においては、それほどまでイタリア国民の期待は膨らんでいたのである。

しかし、それは深刻な政治不信の裏返しでもあった。今の政治を全否定しさえすれば、きっとそこから新しい何かが生まれてくるに違いない。そんな期待だけが膨らんでいった。よしんば否定に成功したとしても、その後にはもっと険しくて苦しい再建の道程が待ち構えていると説く者は皆無に近かった。そのような地味で泥臭い日常の反復作業を連想させる言説は忌避された。テレビのコマーシャルのように何事も明るい夢と希望の言葉でしか語られなくなった。新しくありさえすればすべてが善とされるのが永遠の「過渡期」の特徴である。それはメディア時代の政治に特徴的なある種の永続革命論ということができた。

2　ベルルスコーニ政権の誕生と崩壊

三つの難題

ベルルスコーニは「技術革新」の導入によって、総選挙には奇跡的ともいえる大勝利を収めることに成功した。しかし選挙同盟の「技術」による成功が、必ずしもそのまま政権運営の成功をもたらすとはいえない。現代のメディア・デモクラシーの下では選挙の「技術」だけが異常なまでに発達したため、選挙での華々しい勝利が生みだした期待と、勝利を収めた政権がもたらす貧弱な成果との乖離(かいり)がはなはだしくなる。それが幻滅を生み政治不信を強めていく。現代のメディア・デモクラシーに特徴的な悪循環である。

ベルルスコーニは早くも組閣の段階でつまずいてしまった。彼には三つの難題が立ちはだかった。第一は上院で過半数の議席が得られなかったことである。第二は北部同盟との軋轢(あつれき)である。第三は法務大臣に関する問題である。

第一の難題から見ていこう。すでに述べたように、中道右派連合は上院三一五議席のうち一五五議席を獲得したものの、過半数には達していなかった。そのためフォルツァ・イタリアのカルロ・スコニャミーリオは、急進党のエンマ・ボニーノを欧州委員会委員に推薦するという取引により、かろうじて一票差で上院議長に就任した。ベルルスコーニも上院での信任投票がいきなり否決されるという醜態を回避するため、中道連合(「イタリアのための協定」)の上院議員四人と交渉し、投票時には議場から退席するよう説き伏せた。その一人で、フィニンヴェスト社の税務顧問を務めていたパヴィア大学教授ジューリオ・トレモンティには財務大臣の地位まで提供したのである(経済閣僚には、それ以外に予算大臣と国庫大臣がいたが、国庫大臣がいちばん大きな影響力を持っていた)。

第二の難題に移ろう。北部同盟は下院比例区での得票率を見ると八・四%に止まり、フォルツァ・イタリアの二一%を大きく下回っていた。ところが議席数では下院で一二二議席また上院で六〇議席を獲得し、連立与党内で第一党の地位を占めていた。他方、フォルツァ・イタリアは下院で一一三議席また上院では三六議席だった。両者の議席数の差は、選挙同盟「自由の極」による小選挙区の配分が北部同盟に著しく有利であったことを示していた。それにもかかわらず、それまで破竹の進撃を遂げてきた北部同盟の地盤が、突如誕生したフォルツァ・イタリアによって食い荒らされたことは歴然としていた。

それゆえウンベルト・ボッシは総選挙後三日目にしてベルルスコーニの首相就任に猛然と反対し始めたのである。ベルルスコーニは私的利益の追求を至上目的とする実業家であるがゆえに首相になるべきではない。秘密結社P2の会員という前歴をもつ人物が首相になれば、あらゆる法律を駆使して自分の事業と公益の区別をなくすような決定をするに違いない。そればかりかボッシは国民同盟をファシストと決めつけ「P2ともファシストとも絶対に政権を組まない」と宣言した。相手の弱点を歯に衣着せぬ言葉で痛烈に抉り出すのがボッシの最も得意とする戦術であった。

だが、その真骨頂は変わり身の早さにあった。実際、北部同盟の理論的支柱であり過激な連邦主義者として知られたミラノ・カトリック大学の政治学教授ジャンフランコ・ミーリオを制度改革大臣に据えることには失敗したものの（そのためミーリオとボッシの関係は決裂する）、ボッシは、内務大臣（副首相兼任）、予算大臣、産業大臣、欧州共同体大臣、制度改革大臣と、二〇のうち五つもの閣僚ポストを獲得することに成功した。しかもボッシ自身は、閣僚でもないのに、慣例を無視して大統領官邸で執り行われた閣僚就任式に列席したのである。

ベルルスコーニは、じつはミラノ地方検察庁の「清潔な手」捜査班の花形検察官としてテレビの画面にも頻繁に登場し、当時は押しも押されもせぬ国民的英雄となっていたアントニオ・ディ・ピエトロに内務大臣の就任を要請していた。のちにベルルスコーニは自らの疑惑を追及する検察官や裁判官を「赤い司法官」と呼んで「共産主義者」であると決め付け、自分は彼らによる政治的陰謀の犠牲者であると主張するようになる。しかしディ・ピエトロは南部モリーゼ州の信仰心の篤い農家に生まれ苦学して警察官から検察官に身を起こした人物であり、政治的にも左翼とは全く無縁であった。ただディ・ピエトロに政治的野心があったのは事実である。そのため、この話には多少の関心を示したが結局は拒否する。しかしベルルスコーニが、自らの「宿敵」となることが明らかな検察官の「抱き込み」を企てていたことだけは、紛れもない事実であった。こうして内務大臣にはボッシの側近のロベルト・マローニが就任することになった。

第三の難題は法務大臣であった。ベルルスコーニは何としてでも腹心の弁護士チェーザレ・プレヴィティに就任してほしいと願っていた。自らの持株会社フィニンヴェストの贈賄疑惑をめぐる司法当局との対決がすでに始まっていたからである。そこに立ちはだかったのはスカルファロ大統領であった。フィニンヴェストの顧問弁護士が法務大臣になることだけは罷りならぬと大統領が主張したため、やむなくプレヴィティは国防大臣に横滑りせざるを得なくなった。法務大臣には中道連合から当選した元自由党幹事長の弁護士アルフレード・ビオンディが就任した。スカルファロ大統領がプレヴィティの腐敗体質を嫌うとともに、司法当局による構造汚職の徹底的な捜査を支援していたことは明らかであった。

ネオ・ファシスト

一九九四年五月一〇日にベルルスコーニ政権は発足した。組閣には総選挙後およそ一カ月以上を要したことになる。ところが、その一週間前の五月四日に、欧州議会はスカルファロ大統領に、新政権からネオ・ファシストの議員を排除するよう異例ともいえる勧告を行っていた。欧州共同体はファシズムとナチズムによる恐怖の体験から生まれたものであり、それを導いてきた基本的価値に加盟国の政権は忠実でなければならないとしたのである。さすがにスカルファロ大統領も内政干渉ともいえるこうした勧告には反発し、イタリアがそうした基本的価値を裏切ることはないと反論した。

イタリアのネオ・ファシスト政党であるイタリア社会運動は、ジャンフランコ・フィーニの下で、もはやファシストを象徴する黒シャツではなく、ダブルのスーツを着こなすことで穏健化を巧みに演出することに成功していた。一九九四年一月には、王党派に起源を持つ保守的国家主義者とも連携して党名に国民同盟を付け加えることによって、〝ポスト・ファシスト〟への変貌を印象づけることにも成功していた。その一方で、フィーニは組閣前の記者会見でムッソリーニを「今世紀最大の政治家」と呼ぶなど、ファシズムへの親近感を隠そうともしなかった。そして国民同盟からは一気に五人もの閣僚が誕生した(郵政大臣、農林大臣、環境大臣、運輸大臣、文化財大臣)。郵政大臣となったジュゼッペ・タタレッラは副首相も兼任した。

これまでイタリア共和国の基本的な「正統性」の根拠は反ファシズムとレジスタンスにあるとされてきた。それゆえ一九四五年四月二五日のナチズムとファシズムに対するレジスタンス闘争の勝利を祝う「国民解放記念日」はイタリア共和国の最も重要な国家行事の一つとなっていた。しかし国民同盟はこれを認めなかったばかりか、それに代えて第一次世界大戦でイタリア王国が勝利した一九一八年一〇月二四日を「祖国の祝日」とすることを提案していた。そればかりか、この政権が誕生する前の四月二七日には、イタリア共和国憲法補足規定第一二項「解散されたファシスト党の再建はいかなる形式においても禁止される」の廃棄を求める憲法改正法案を提出していた。もっとも、これはそれまで〝永久野党〟を運命づけられたきたイタリア社会運動が一九七七年以来繰り返してきたある種の〝慣行〟に他ならず、じつはそれほど強い意図が込められていたわけではなかった。しかし、世論の猛反発を受けたために、政権発足後の五月一六日には〝事務的な手違い〟として急遽(きゅうきょ)これを撤回せざるをえなくなったのである。

こうしてイタリアでは戦後四九年目にして初めてネオ・ファシストが政権参加を遂げることに成功した。いうまでもなく欧米民主主義国では初めての経験であった。ベルルスコーニがいわばその「通関」と「名誉回復」に貢献したことは明らかであった。というよりもベルルスコーニは、少なくとも共産主義に対する反対とレジスタンスの否定という点ではネオ・ファシストと同じ価値観を共有していた。そのような意味においてベルルスコーニもネオ・ファシストと同じく戦後イタリア史の書き換えを願う「歴史修正主義者」であった。したがって彼もまたネオ・ファシストと同じように四月二五日に行われた「国民解放記念日」の式典への出席を拒んだのである(中道右派連合からは北部同盟だけがこの行事に参加した)。

盗賊救済法

ベルルスコーニ政権は、組閣でつまずきはしたものの、滑り出しは順調であった。五月一六日に下院で行った首相就任演説では、雇用の創出、減税、労働市場の自由化、公営企業の民営化といった経済政策だけではなく、政治倫理問題にも言及し、司法権の独立を侵害するようなことは絶対にしないと約束した。政府は、勇気ある司法官による政治倫理の回復の努力を心から支援すると述べていたのである。また、自分自身が首相であると同時に民間テレビ放送の独占的所有者であることから生じる「利益相反」の問題も適切な監督機関を設置することによって必ず解決してみせると宣言していた。

こうした演説を聴いて国民は、新たな企業家タイプのカリスマ的指導者の下で、新自由主義的な傾向をもつ穏健な中道政権が誕生したという印象を抱いた。そして六月一二日の欧州議会選挙でフォルツァ・イタリアは三〇・六％もの得票率を獲得するという大勝利を収めた（もっとも北部同盟は六・六％、国民同盟は一二・五％と総選挙時よりも得票率を減らしていた）。それはともかくベルルスコーニが率いる中道右派連合は、ほぼ五〇％にも達する得票率を得ていた。しかもこの時期には七四％もの国民が「強い」指導者の出現を歓迎していたのである。ベルルスコーニの絶頂期が到来したということができた。

しかしそれはすぐさま暗転する。というよりも有頂天になりすぎて早々と馬脚をあらわしてしまったというべきなのかもしれない。七月一三日にビオンディ法相は、のちに「盗賊救済法」と揶揄される暫定措置法案を提出した。すなわち贈収賄、横領、会計帳簿の不実記載、職権濫用、偽装倒産、政治資金規正法違反といった、いわゆる金融犯罪に関しては、殺人等の刑事事件と区別して身柄の送検を行わないとしたのである。ミラノ地方検察庁の「清潔な手」捜査班によって容疑がかけられそうな人たち、とりわけフィニンヴェストの関係者にとっては天佑ともいうべき内容であった。

これには司法当局も猛反発し、ディ・ピエトロ検事がテレビに出演して「清潔な手」捜査班の総辞職の可能性まで示唆した。国民世論も熱烈にこれを支持した。さらには北部同盟もこの動きに同調し、マローニ内相兼副首相は暫定措置法案を撤回しなければ辞職すると威嚇した。そのため「盗賊救済法」はわずか七日で撤回されることになった。いずれにせよベルルスコーニの「本音」と「体質」が一挙に暴露された出来事であった。だが彼はこれに懲りることなく二〇〇一年に政権に復帰してからも同じことを繰り返していく。

試練と敗北

しかしベルルスコーニ政権の真の試練は秋の一九九五年度予算案の作成であった。すでに述べたように、イタリアは一九九二年の欧州通貨危機により債務不履行(デフォルト)にも陥りかねないという未曽有の財政危機に直面していた。この非常事態を乗り切るのに貢献したのはイタリア銀行や国庫省に属する少数の経済テクノクラートであった。こうした経済テクノクラートは、イタリアの財政危機をきっかけに欧州連合(EU)の認知を受けた一種の「破産管財人」であった。そして、戦後の政党支配体制が崩壊することによって生じた政治的「空白」を埋めるような形で、発言権を強めていった。彼らは、欧州連合条約が定めた経済通貨連合(EMU)加入のための収斂基準(とくに財政赤字をGDP比三%以下、累積公共債務を同六〇%以下に抑えるという健全財政の基準)を、いわば「外圧」として利用することにより、財政再建を国家的な至上命題としていた。

アマート政権もチャンピ政権も、こうした経済テクノクラートの考え方にもとづいて生まれた「非政党・実務家政権」であった。そしてEUからの「外圧」を「正統性」の根拠とすることで、戦後史上例を見ない大胆な経済・財政政策の転換を図ることに成功していたのである。これらの政権にとって、政党が解体し議会が麻痺するなかで、財政再建を達成するためのたった一つ残った重要な「対話者」は、労働組合であった。イタリアには、CGIL(イタリア労働総同盟、旧共産党・旧社会党系)、CISL(イタリア勤労者労働組合同盟、旧キリスト教民主党系)、UIL(イタリア労働者連合、旧民主社会党系・旧共和党系)の三つの労働組合全国組織があった。アマート政権もチャンピ政権も、これら三大労組に経営者団体の全国組織である「イタリア産業総連盟」(コンフィンドゥストリア)を加えた政府・財界・労組からなる三者間の「協調」(コンチェルタツィオーネ)による以外には、国民各層に多大な犠牲を強いる財政再建・緊縮政策には同意を得ることができないと考えていた。

ところがベルルスコーニ政権は、こうした「協調」路線を真っ向から否定した。この政権には、元イタリア銀行理事で「ヨーロッパ主義者」のランベルト・ディーニ(無所属)が国庫相を務めていたので、基本的には財政・金融政策では前政権との連続性が保たれていた。しかし外相となったLUISS(国際社会科学大学)教授のアントニオ・マルティーノはシカゴ学派のミルトン・フリードマンの弟子であり、イギリスのマーガレット・サッチャー首相の信奉者であるとともに「ヨーロッパ懐疑主義者」としても知られていた。また国民同盟のフィーニ書記長も当時は同様の立場をとっていた。そのためベルルスコーニ政権は財政再建路線を維持する一方、三大労組に対しては「協調」路線を否定し、サッチャーもどきの強硬路線を貫こうとした。すなわち企業経営者や独立自営業者には税制優遇措置を図る一方、被雇用労働者のみに大きな犠牲を強いる年金改革を強行突破しようとしたのである。いうまでもなく三大労組はこれに激しく反発した。一九九四年一一月一二日には一〇〇万人の労働者がローマの三つの広場を埋め尽くすという戦後最大の抗議運動が行われた。また、こうした混乱から一二月一日からイタリア通貨リラが暴落の兆しを示し始めた。こうしてベルルスコーニも年金改革法案を撤回せざるをえなくなる。ベルルスコーニの敗北であった。

政権の崩壊

ベルルスコーニにとっては、さらに屈辱的な出来事がその最中に起こった。一九九四年一一月二二日にナポリでは国連が主催した国際組織犯罪世界閣僚会議が開催されていた。そして、それに出席中のベルルスコーニ首相に対して、ミラノ地方検察庁はフィニンヴェスト社の脱税を黙認した財務警察官への贈賄容疑で捜査令状を発令したという報道がなされた。ベルルスコーニは、こうしたタイミングを選んで捜査令状が発令されたこと自体、自分が「赤い司法官」による政治的「陰謀」のスケープ・ゴートにされようとしていることの証拠だとして、激しく反発した。しかし、それは司法当局が長期にわたり地道に続けてきた一連の捜査の一こまに過ぎなかった。ベルルスコーニはこの件でプブリタリアの社長でフォルツァ・イタリアの選挙対策本部長を務めたデッルットリやフィニンヴェストの顧問弁護士で国防大臣のプレヴィティなど最も忠実な側近たちとともに起訴されることになった。

この出来事と年金改革の失敗によって、ベルルスコーニ政権を支えてきた与党連合多数派は事実上解体した。ボッシは、北部同盟の支持者が、まだミラノ地方検察庁の「清潔な手」班による構造汚職の大量摘発を熱烈に応援しているばかりか、年金改革に反対する三大労組にも強く共鳴していることを発見した。それゆえボッシは一二月に入ると与党連合多数派からの離脱を画策し始める。他方、ベルルスコーニは北部同盟のマローニ内相の懐柔や人民党議員の抱き込みによって何とか多数派を維持しようとした。だがボッシは、北部同盟の幹部と協議することなしに独断で「寝返り」(リバルトーネ)を決断した。じつは、それに際して、ボッシは野党側の左翼民主党や人民党から事前の諒承を取り付けていた。こうして一二月二二日、第一次ベルルスコーニ政権はわずか七カ月で崩壊した。

ベルルスコーニは議会の解散と繰り上げ総選挙を要求した。しかしスカルファロ大統領はそれを拒否した(憲法第八八条により議会の解散権は大統領にあった)。やむなくベルルスコーニはディーニ国庫相を後継首相に推薦することで妥協した。またもやアマート政権やチャンピ政権と同じような「大統領の政府」が誕生した。ランベルト・ディーニ政権は一九九五年一月一七日に左翼民主党や人民党などの野党に加えて北部同盟が支持することにより成立した。だが暫定的な「非政党・実務家政権」であった。ディーニは元イタリア銀行理事であり国際通貨基金(IMF)に二五年も勤務したイタリア有数の国際金融通であり「ヨーロッパ主義者」でもあった(ただし元イタリア銀行総裁で元首相のチャンピには強いライバル意識を抱いていた)。

スカルファロ大統領がディーニ首相に託した任務は明白であった。EUがイタリアに課した財政再建政策の継続であり、それを達成するためには不可欠であった政府・財界・労組からなる三者間の「協調」路線の復活であった。そしてディーニ政権は、増税と医療費や地方自治体交付金の歳出削減によって、それまで実施されてきた緊縮財政の継続を可能とする一九九五年度予算案を実現した。そればかりか、三大労組との交渉を重ねた結果、一九九五年八月四日には年金改革法の成立にも漕ぎつけた。イタリアでは年金赤字の国庫負担が財政赤字の約四〇%、GDPの約四%を占めていた。この年金改革によって、年金額は退職時の給与水準ではなく保険金の納付総額に応じて決定されるとし、最低受給資格年齢を五七歳に引き上げるものとするという二つの原則が確立した（もっとも、その適用は二〇一三年度からとされ、複雑な経過措置が別途定められた）。

それ以外にも、ディーニ政権の下では、選挙運動期間における立候補者のテレビと新聞等マスメディアへの対等なアクセスを保障する「対等な条件」（パル・コンディチオ）に関する暫定措置法が定められた。このようにディーニ政権は暫定的な性格を持つ「非政党・実務家政権」ではあったが、華々しいデビューを飾ったものの何一つ成果を上げることができなかったベルルスコーニ政権と違い、地味ではあるが着実な成果を上げることに成功した。イタリアに必要なものは、選挙における「技術革新」やベルルスコーニが約束したような「奇跡」でないことだけは確かであった。

3　ロマーノ・プローディと「オリーヴの木」

プローディとボローニャ

ロマーノ・プローディは一九三九年にイタリア中部のレッジョ・エミーリア県スカンディアーノ市に生まれた。父親は農家の出身で苦学して工学部を卒業した後、県庁の建設技官となる。母親は小学校教師。ロマーノは九人兄弟姉妹の八番目。あまりの大家族で生活は苦しく、一家は南米ウルグアイへの移民を考えたこともあったという。しかし九人の子供はみな大学を卒業した。そのうち六人は大学教授、あとの三人も建築家、数学教師、児童精神科医となる。

このようにプローディはかつてのイタリアに典型的な農村大家族の中で育った。こうした大家族にとって日常生活の要にあったのはカトリック教会の教区共同体だった。当然のごとく彼も教区司祭の推薦により奨学金を得て名門私学のミラノ・カトリック大学法学部に進学する。大学を優秀な成績で卒業した後、ＬＳＥ（ロンドン・スクール・オヴ・エコノミクス）に留学し、産業経済学を専攻した。そして一九六三年にボローニャ大学経済学部助手に就任、一九七一年には教授となる（一九四七年生まれの妻クラヴィアは彼の教え子である）。

したがってプローディはキリスト教民主党に近い立場にいたが、党員ではなかった。とはいえ一九七八―七九年には第四次アンドレオッティ政権（共産党の閣外協力を得た「国民連帯」政府）で産業大臣を務めた。また一九八二年と一九九三―九四年にはイタリア最大の国家持株会社である産業復興公社（ＩＲＩ）の総裁を務め、その経営再建と傘下企業の民営化（クレディト・イタリアーノとイタリア商業銀行）に貢献している。

プローディの研究や政治も含めすべての活動は、ボローニャというイタリア最古の大学都市が生んだ独自の歴史的、文化的な環境と切り離して考えることはできなかった。古代ローマに起源を持つボローニャは、一一一四年以来自治都市の特権を享受してきたにもかかわらず、一五一三年からは教会国家に組み込まれてしまう。そのためカトリック教会の圧倒的な影響下に置かれる一方、それに反発する過激な「反教権主義」の気風も強かった。

こうした歴史的背景もあって、一九一四年以降は、周辺の大農場で働く農業賃労働者を組織化することに成功した社会党がボローニャ市政を支配していた。ところが一九二〇年一一月二一日のファシストによるボローニャ市庁舎（アックルシオ宮殿）の襲撃を皮切りに、ファシスト襲撃隊による反革命の嵐がこの地域に荒れ狂い始める。こうして「赤い」ボローニャを「黒い」ファシストが征服した。そして一九四三年七月二五日にムッソリーニが失脚してファシズム体制が崩壊すると、ナチ・ファシストに対する共産党を中心とした武装パルチザン闘争が展開されていく。

こうしたレジスタンス闘争の経験から、第二次大戦以降は、共産党がこの地域において圧倒的な影響力を持つようになった。エミーリア・ロマーニャ州はトスカーナ州やウンブリア州と並んで「赤い地帯」と呼ばれた。なかでもボローニャは、イタリア共産党による「善政」を世界に誇示するための〝ショー・ウィンドー〟といわれるようになった。

共産党とカトリック

このようにプローディが暮らすボローニャは共産党が圧倒的な優位に立つ都市であった。とはいえカトリック教会も侮りがたい影響力を保ち続けていた。そして、このような独自の環境で暮らすカトリック系知識人のなかから、カトリシズムと共産主義という両極端に位置する二つの文化の橋渡しをしようという「対話」の試みが生まれてくる。そうした試みを代表するのは一九五一年に創刊された『ムリーノ』(風車)という進歩的カトリック知識人を中心とする同人誌であった。これには欧米の社会科学の動向に精通する世俗的(非宗教的)な自由主義者や社会民主主義者の知識人も参加していた。一九五四年には学術出版を専門とする同名の出版社を創設し成功を収めている。そしてプローディも一九七四年から七八年にかけてこの出版社の代表取締役を務めていた。

こうしたボローニャのカトリック界で、戦後最も大きな文化的影響力を持っていたのはジュゼッペ・ドッセッティであった。彼は一九一三年にジェノヴァで生まれるが、すぐにレッジョ・エミーリアに移りそこで育った。ボローニャ大学法学部を卒業した後、ミラノ・カトリック大学の教会法の講師となる。だがナチ・ファシストに対する武装パルチザン闘争に参加し、「国民解放委員会」レッジョ・エミーリア委員長に就任した。第二次大戦後はキリスト教民主党の左派青年グループの指導者として活躍する一方、憲法制定会議議員としてイタリア共和国憲法にカトリック社会教義や人格主義を反映させる上で多大な影響力を行使した(憲法第一条「イタリアは労働に基礎を置く民主共和国」の「労働に基礎を置く」という文言は彼によるものとされている)。しかしキリスト教民主党のアルチーデ・デ・ガスペリ幹事長との対立によって一九五二年には下院議員を辞職し、政治生活から引退する。一九五九年には司祭となり、カトリック教会が「現代化」(アッジョルナメント)を唱えて開催した第二ヴァチカン公会議(一九六二―六五年)でも重要な役割を果たすことになる。晩年は小さな修道会を組織して隠遁生活に入り、一九九六年に亡くなった。

ところで、プローディは幼少のころからドッセッティと家族ぐるみの付き合いを続けており、その深い精神的影響を受けてきた。ドッセッティはレジスタンスと憲法制定会議では立場を異にしつつも共産党との協力が不可欠だと考えた。また第二ヴァチカン公会議では無神論者を悪魔のように敵視するのではなく、潜在的な信者すなわち「未だ見えざる」信者と見なすことによって共産主義者とも対話できると考えた。こうしたドッセッティの対話の精神はまちがいなくプローディにも影響を及ぼした。ドッセッティは倫理的な廉潔を失うことなく政治にも積極的に関わりながら理想を追求しようとした政治家であり、その身をもって進歩的カトリシズムを代表し続けた革新的な宗教者でもあったのである。

それゆえ病床にあった晩年のドッセッティはベルルスコーニ政権の誕生に大きな衝撃を受けた。そのあまりにも反倫理的かつ反共和国的にして反民主主義的な体質に深刻な不安を覚えたのである。とりわけイタリア共和国憲法が危機にあるとして、一九九四年一一月一六日には憲法擁護を訴える公開書簡を発表した。じつはプローディたちの「オリーヴの木」の誕生は、ドッセッティの遺言ともいえるこの公開書簡と深く結びついていたのである。

中道勢力の再編

プローディが、ベルルスコーニに対抗する中道左派陣営の首相候補者として政界に出馬することを表明したのは、ディーニ政権が成立してまだ間もない一九九五年二月二日のことであった。左翼民主党と人民党の左派、さらに緑の党もこれに同調した。プローディを支持する「私たちが望むイタリア」委員会を創ろうという草の根の市民運動が全国に生まれ、四カ月後には二九四三を数えるまでとなった(「私たちが望むイタリア」とはベルルスコーニの政界出馬宣言「私が愛するイタリア」を揶揄したものである)。そればかりか中古のバスを購入し、プローディがそれに乗ってイタリアの一〇〇都市を南から北まで隈なく遊説するという戦略も立てた。ベルルスコーニがテレビや新聞といったマスメディアを独占していることに対する抗議の意味も込めた苦肉の対抗策であった。ベルルスコーニが自家用ジェット機やヘリコプターで全国遊説をしていたのとは対照的に、サイクリングが趣味というプローディにはむしろぴったりの宣伝手段ということもできた。

二月一三日には盟友でボローニャ大学政治社会学教授のアルトゥーロ・パリージが考案した「オリーヴの木」をこの運動のシンボル・マークにすることが発表された。パリージは次のように説明した。オリーヴは地中海を代表する木でイタリアのどこでも育っている。そして大地に根を下ろすと千年以上も生き続けるたくましくて丈夫な木である。だが実を結ぶまでには三〇年かかるといわれている。それはまた復活と平和のメタファーであり、キリスト教的な連帯のシンボルでもある。

これまで中道左派陣営は、左翼民主党という「樫の木」(同党のシンボル・マーク)と、その下に生えたたくさんの「ペンペン草」(ばらばらに分裂した中道勢力を揶揄した表現)の寄せ集めといわれてきた。だが今後、中道左派陣営がベルルスコーニの中道右派陣営に対抗しうるだけの力を持つには、「樫の木」だけではなく、それに寄り添って大地に深く根を下ろしたもう一本の木が必要となる。それが「オリーヴの木」である。

このように「オリーヴの木」は、中道左派連合の構築というよりも、中道勢力の再編に狙いを定めた将来構想であった。まずは一九九四年総選挙で中道勢力(「イタリアのための協定」)に投票された六一〇万票の再結集を図り、そのうえで左翼連合(進歩主義者同盟)が獲得した一三三一万票と合体させることができるならば、次の総選挙では必ずやベルルスコーニに勝てると考えたのである。

しかし、ここで注意しなければならないことは、「オリーヴの木」は、まだ次の総選挙がいつ行われるか全く分からない時に生まれたことである。この運動に結集したすべての党派が、終始一貫して、また一致団結してプローディを支持したわけでは決してなかった。それゆえプローディ政権が誕生するまでには、まだ複雑な紆余曲折があったのである。

それでは「オリーヴの木」の基本的な政策理念とはいかなるものであったのだろうか。プロ－ディとその仲間たちにとって、ベルルスコーニは資本蓄積や経済成長といった国民経済の基本問題には何の関心も示さない刹那(せつな)的で享楽的な消費主義を体現するものに他ならなかった。事実、ドッセッティはベルルスコーニを「メディチ家の真似をする似非(えせ)君主」であり「物神崇拝者」にして「バビロニアの女王」のごとき危険な存在であると断罪していた。たしかに市場経済は重要だが、ベルルスコーニのように市場それ自体をイデオロギーにまで祀(まつ)り上げて礼賛するのは誤りである。弱者や貧者に対する配慮のない社会的公正を欠くような市場経済は本末転倒である。それゆえ福祉国家がその役割を終えたとはまだいえない。しかし、かつてのように国家が市場に直接的かつ積極的に介入することは、もはや社会的公正を実現するための適切な手段とはいえない。むしろ国家は市場経済に厳格なルールを与えることにより、市場経済の下での社会的公正の実現と倫理の向上を促すという審判者の役割に徹するべきである。その意味において、これからの目標は「軽い国家」であるということができる。

このように彼らの政策理念は大筋において西欧の社会民主主義と大きな違いはなかった。またEUの市場統合や通貨統合を導いてきた基本的な経済原則ともきわめて親和性が高かった。いいかえると、彼らを突き動かしていたのはカトリシズムに固有の政治理念や経済思想というよりも、カトリック的な倫理観であり使命感であった。

しかしカトリック教会が、こうしたプローディたちのカトリック的倫理観にもとづく自律的な政治的表現をこぞって支持していたわけではなかった。一九九一年から「イタリア・カトリック司教協議会」議長を務めていたカミッロ・ルイーニ枢機卿は、じつはプローディとは昵懇の間柄であり、夫妻の結婚式の司祭でもあった。それにもかかわらずルイーニ枢機卿は終始一貫して「オリーヴの木」には冷淡な態度をとり続けた。その理由の一つは左翼民主党との協力を嫌っていたからである。「元」共産主義者(エクス・コミュニスト)であれ「脱」共産主義者(ポスト・コミュニスト)であれ、共産主義者であることに変わりはない。とりわけ旧共産主義国であるポーランド出身の教皇ヨハネ・パウロ二世はそう考えていた。だが、それ以上にルイーニ枢機卿は、イタリアのカトリック教徒が、教会から自立してカトリック的な倫理原則を唱え、政治運動を始めたことを嫌っていたのである。

それにもかかわらず当面は「オリーヴの木」に公然と異を唱えることはなかった。そのためカトリック教会(とくに各地の司教)は全体として「オリーヴの木」にかなり好意的な態度を示した。しかし、後に述べるように、「オリーヴの木」が失敗してからは、ルイーニ枢機卿はこうした政権構想を絶対に認めようとしなくなる。その後のプローディは、ミラノ大司教カルロ・マリア・マルティーニ枢機卿など、ごく少数の高位聖職者を除くと、カトリック教会からの支援を得ることは全く期待できなくなるのである。

4 「オリーヴの木」中道左派政権の誕生

ダレーマの権謀術数

プローディの「オリーヴの木」構想に立ちはだかる最大の障害となったのは、じつは左翼民主党のマッシモ・ダレーマ書記長であった。すでに述べたように一九九四年六月一二日の欧州議会選挙ではフォルツァ・イタリアが三〇・六％もの得票率を得るという大勝利を収めた一方、左翼民主党は一九・二％と低迷し、その責任をとってオッケットは辞任し、ダレーマが書記長に就任した。

オッケットは、共産党の党名を左翼民主党に変えることで、名称や党綱領のみならず、官僚制的な党構造をエコロジストやフェミニストなど多様な新しい社会運動にも開かれた、しなやかなネットワーク型市民連帯組織に変革しようとしていた(比喩的に「兵営」を「キャラバン」(隊商)に変革するといわれていた)。そして、その限りにおいては「オリーヴの木」の構想とも共通点があった。

しかしダレーマはそうは考えていなかった。ダレーマは一九四九年にパルチザンの闘士でもあった共産党の代議士の息子としてローマに生まれた。一四歳でイタリア共産党青年同盟に加わって以来、イタリア有数の名門校であるピサ高等師範学校に入学した後も党活動を継続した、いわば生まれながらの党エリートであり活動家であった。ダレーマは、たとえ党構造の変革が不可避だとしても、あくまでも自分たちが「ヘゲモニー」(主導権)を握った上で、そのタイミングや内容を決定するべきであると考えていた。

ソ連や東欧の社会主義国家が崩壊したといっても、イタリア共産党がこれまでの歴史の中で築きあげてきた大きな遺産を一気にまた無意味に放棄するのはまちがっている。その証拠にベルリンの壁の崩壊によってキリスト教民主党の「白い地帯」は完全に崩壊した一方、イタリア共産党の「赤い地帯」はほとんど崩壊しなかったではないか。いいかえるとダレーマは、「赤い地帯」においてイタリア共産党が築きあげてきた地方自治体や生活協同組合などに基礎をおく膨大な数にのぼる既得権益の受益者層を代表することに、まだ大きな意味があると考えていたのである。それゆえオッケットのような〝ポストモダン的〟で〝脱構築論的〟な党改革は、きわめてお人好しで能天気なものであった。ダレーマにいわせれば、すすんで庇(ひさし)を貸して、何なら母屋まで乗っ取って下さいといわんばかりの提案だったからである。

ダレーマは、たしかにプローディを中道左派陣営の統一首相候補とする「オリーヴの木」構想に同意はしていた。しかし、それは数ある選択肢の一つでしかなかった。政治情勢が変われぱご破算にするのも当然と考えていた。ダレーマはプローディのような理想主義的な倫理的使命感から政治活動を行っていたわけではなかった。擁護すべき利益とは何かをはっきりと自覚していた。その意味ではまさに現実主義的なマキァヴェリストであった。

ダレーマが最初に「オリーヴの木」を見放そうとしたのは一九九六年二月のことである。ディーニ政権は、これまで支持を得てきた共産主義再建党との軋轢によって崩壊寸前となっていた。そこでスカルファロ大統領は二月一日に、もっぱら憲法改正のみを目的とする超党派的な国民統一政権の組閣をアントニオ・マッカーニコに打診する。マッカーニコは旧共和党の出身であったが、長らく下院事務局長を務め、政財界から党派を超えて信頼を得てきた人物であった。もし、この政権が成立していたならば、第二共和制への移行を実現する憲法制定会議の役割を担うものとなるはずであった。

じつは、この時すでにダレーマは水面下で、次のような動きを示していた。一九九五年一一月から翌九六年の一月にかけて、ローマの日刊紙『テンポ』の元編集長でベルルスコーニ政権の官房長官だったジャンニ・レッタと極秘裏に会談を重ねていたのである。そして、そこにフォルツァ・イタリアからはボッコーニ商科大学のジュリアーノ・ウルバーニ教授、国民同盟からはローマ大学のドメニコ・フィジケッラ教授、左翼民主党からはローマ大学のフランコ・バッサニーニ教授とペルージア大学のチェーザレ・サルヴィ教授が専門家として加わり、新憲法草案の検討を行っていた。ダレーマは国民同盟のフィーニ書記長の同意を得るためにフランス第五共和政をモデルとする大統領制を認めてもよいとまで考えていた。

ところが合意を見た草案にはそこまで踏み込んだ記述がなかった。それだけではなく、フィーニは、もしフォルツァ・イタリアと左翼民主党との話し合いによる憲法改正という手続きを受諾してしまったならば、国民同盟のようにかつては極右政党として排除され〝正統性〟を獲得してまだ間もない政党の存在理由などすぐに消えてしまうと考えたことから、それを拒否した。いずれにせよ、この新憲法草案はベルルスコーニの日刊紙『ジョルナーレ』が一月二四日に暴露したことにより、雲散霧消してしまった。

こうしたこともあったために、プローディはただちにマッカーニコによる「憲法制定会議」政権構想に反対の意思表示をした。すでに述べたように国民同盟のフィーニも反対であった。共産主義再建党はこの政権構想を「ファシストのフィーニと超大物の刑事被告人ベルルスコーニと元共産主義者のダレーマの馴れ合い」から生まれた「化物（ばけもの）」であると非難した。またスカルファロ大統領も、イタリア共和国憲法制定時の憲法制定会議議員であったことから、フランス第五共和政をモデルとする強力な大統領制の導入には強い懸念を抱いていた。それゆえ大統領も、結局はマッカーニコに対する組閣命令を撤回し、議会を解散して四月二一日に総選挙を実施することを決定したのである。

ダレーマの権謀術数（けんぼうじゅつすう）のせいで、プローディとの関係が悪化したのは言うまでもなかった。しかしダレーマは、プローディが無条件に中道左派連合の首相候補者となることを最後まで認めようとはしなかった。それどころかダレーマは、ディーニ前首相を首相候補者の一人に加えようとした。ディーニの政治的野心を知っていたからである。ディーニは総選挙直前の二月二三日になって突如「イタリアの革新」と称する政党を結成した(国民投票運動の指導者だったセーニも参加した)。それは中道穏健勢力にとって「オリーヴの木」と競合するもう一つの選択肢が生まれたことを意味していた。ダレーマは、これが中道穏健勢力の〝右派〟にまで支持層を拡大するための試みであるとしていた。しかし、それがプローディの影響力を牽制するための策略であることも事実であった。実際、もし総選挙の結果、ディーニ前首相の「イタリアの革新」の下院比例区での得票率がプローディの名簿を大きく上回るようなことになっていたならば、プローディが首相になるのは極めて難しくなっていたであろう(実際にはプローディ名簿の得票率六・八%に対して、ディーニの「イタリアの革新」は四・三%であった)。

中道左派連合

こうして一九九六年四月二一日に総選挙が行われた。ほとんどの世論調査はベルルスコーニの率いる中道右派連合「自由の極」の勝利を予想していたにもかかわらず、中道左派連合「オリーヴの木」が勝利した。しかし、その勝利は共産主義再建党との〝事実上の〟選挙協力なくしては不可能であった。プローディや人民党幹事長ジェラルド・ビアンキは総選挙の直前まで共産主義再建党との選挙協力は行わないと言い続けてきた。

他方、共産主義再建党のファウスト・ベルティノッティ書記長も「オリーヴの木」の政権綱領は認めないとしていた。ところがベルティノッティは総選挙の間際になって、右翼政権の成立阻止が最優先課題であるとし「立候補撤回」(デジステンツァ)戦術をとると宣言した。つまり自党の当選の可能性の低い小選挙区では立候補を撤回し「オリーヴの木」の候補者に投票するとしたのである。その結果、「オリーヴの木」と共産主義再建党は、下院六三〇議席中三一九議席、上院三一五議席中一六七議席を占め、上下両院において過半数の議席を獲得するという勝利を収めることになった。

しかし、この選挙結果は、有権者が中道左派連合に支持政党を乗り換えたことによって生まれたものとはいえなかった。実際、下院比例区でみた場合、中道左派連合が一六二七万票であったのに対して中道右派連合は一六四七万票も獲得しており、二〇万票も多かったからである。ところが中道左派連合は小選挙区の議席の五五%を獲得し中道右派連合は三五%に止まった。その逆に比例区での議席は中道左派連合の三七%に対して、中道右派連合は五〇%も獲得していた。いいかえると中道左派連合の勝利は、七五%の議席が小選挙区で戦われるという新たな選挙制度を巧みに利用した結果生まれたものであった。

それにもまして中道左派連合の勝利に決定的な形で貢献したのは北部同盟であった。なぜならば北部同盟は、今回の総選挙では中道右派連合「自由の極」に加わることなく、単独で選挙戦を戦っていたからである。しかも北部同盟は事前の予測に反して下院比例区で一〇%もの得票率を得ていた。これは中道右派連合にとっては大きな誤算であり痛手であった。それゆえ中道左派連合は「オリーヴの木」の市民運動が功を奏して新たな支持層の獲得に成功したというよりも、中道右派連合の分裂という「敵失(てきしつ)」に乗じ、かろうじて勝利を得たというのが真実に近かった。また中道左派連合にとっては、共産主義再建党が下院比例区で八・六%もの得票率を獲得していたことも、大きな不安定要因となった。「オリーヴの木」の政権綱領を認めていない共産主義再建党が中道左派連合政権の帰趨(きすう)を決定するキャスティング・ヴォートを握ることになったからである。

一九九六年五月一七日にプローディ政権が誕生した。「オリーヴの木」中道左派連合の第一党は左翼民主党であった(下院比例区での得票率は二一・一%。フォルツァ・イタリアは二〇・六%)。左翼民主党は全閣僚ポスト二〇のうち九を獲得した。それだけではなく副書記長のヴァルテル・ヴェルトローニが副首相となり、旧共産党時代には改良派の指導者であったジョルジョ・ナポリターノが内務大臣という要職に就いた。こうして左翼民主党すなわちかつての共産党が、一九四八年のイタリア共和国第一回総選挙以来およそ五〇年にして初めて総選挙の結果にもとづき公式に入閣したのである。しかし、この政権を文字通りの左翼政権と呼ぶことはできなかった。政治学者ノルベルト・ボッビオがいったように、それは「限りなく中道に近い左翼政権」に他ならなかった。事実、首相となったプローディは、「オリーヴの木」を構成する諸政党とりわけ左翼民主党からかなりの程度まで自律した形で政策を決定していくことになるのである。

ユーロ参加

プローディ政権にとって最優先の政策課題は共通通貨ユーロへのイタリアの参加だった。そのために国庫大臣と予算大臣を兼任する経済大臣ポストを新設し元イタリア銀行総裁で元首相のチャンピに就任を依頼した。プローディは国際的な威信と信頼を得ていた金融・経済テクノクラートの〝エース〟を起用することによってユーロへの参加という難問中の難問を解決しようとしたのである。

最初の関門は、一九九二年に離脱を余儀なくされたEMSへの復帰であった。イタリア産業総連盟会長のジョルジョ・フォッサやフィアット社のチェーザレ・ロミーティ会長もEMSへの復帰を時期尚早と考えていた。リラの為替相場が高く設定されてしまって、輸出競争力が低下することを恐れていたからである。またチャンピの後任となったイタリア銀行総裁アントニオ・ファッツィオは熱心な欧州統合論者とは必ずしもいえず、共通通貨ユーロの導入にも消極的であった。そうした異論があったにもかかわらずチャンピ経済相はEMSへの復帰に尽力した。そしてEMS側からの対ドイツ・マルク九五〇―九六〇リラの要求に対し一〇〇〇―一〇一〇リラを主張して粘り強く交渉を重ね、一九九六年一一月二五日には、九九〇リラでEMSへの復帰に成功した。

第二の関門は、イタリアの財政赤字を欧州連合条約が定めた収斂基準であるGDPの三％以下に抑えられるかという問題であった。プローディ政権が作成した経済財政計画報告書（DPEF）でも一九九七年度の財政赤字はまだ四・五％にとどまり、三％以下になるのは一九九八年以降であるとされていた。プローディは当初〝実質的かつ継続的に〟財政赤字が減少していくことを示せば欧州委員会の理解がえられるにちがいないと楽観視していた。しかし、そうした「柔軟な」解釈の余地はないとの通告を受けたために、プローディ政権はやむなく経済財政計画報告書の大幅な修正に踏み切らざるをえなくなる。

こうして「ユーロ税」の導入をも含む増税や歳出削減により、何としてでも三％以下の収斂基準を達成しようとした。それでも欧州委員会の試算では財政赤字が三・二％に達するとされたために、政府は共産主義再建党が強く反対していた年金、医療、社会保障費の削減という〝聖域〟にまで踏み込むことになった。いうまでもなく共産主義再建党はこれに反対したばかりか、週三五時間労働（フランス社会党のリオネル・ジョスパン首相が決定していた）と南部における公務員雇用の増員まで要求した。これにはさすがのプローディ首相も大統領に辞表を提出することによって抵抗した。そして結局は、共産主義再建党が議会の解散と繰り上げ総選挙となることを恐れて大幅な妥協を認めたために、この政治危機も解決を見た。一九九六年一〇月一六日に共産主義再建党が、二〇〇一年からの週三五時間労働の導入と年金支出の削減幅の縮小という条件を呑ませることによって、プローディ首相に信任票を投じたからである。

「独立」騒動

イタリアのユーロ参加には、もう一つ重要な政治的意味があった。北部同盟が荒唐無稽な「独立」騒動を引き起こしていたからである。ボッシは、一九九六年九月一五日にヴェネツィアで「パダーニア共和国」の独立を宣言した（首都はマントヴァ）。イタリア最大の河川であるポー川の形容詞がパダーノである。そこから創られた新たな地域名がパダーニアであった。ポー川の流域はイタリア最大の穀倉地帯であり、伝統的にはヴァッレ・パダーナ（ポー渓谷）と呼ばれてきた。しかしパダーニアという地域名が歴史的に存在したという事実はない。それゆえイギリスの歴史家エリック・ホブズボームの言葉を借りるならば「伝統の発明」ということになる。ボッシは自分たちがケルト民族の末裔であるとし、緑をシンボル・カラーとして、ファシストの黒シャツ隊ならぬ緑シャツ隊を創設した。そればかりかポー川の水を自然崇拝の対象としヴェネツィアで海に注ぐという建国儀式まで挙行した。またイタリア語を廃止し北部方言と英語を国語とすると宣言した。

だがボッシの本当の狙いは、その実現可能性はともかく、イタリア国家の三分割案を前提とした北部すなわち「パダーニア共和国」単独でのユーロへの参加であった。いいかえるとボッシは、イタリアがユーロには参加できないと見越して、異様ともいえる「独立」運動を展開していたのである。それゆえプローディ政権にとって、ユーロへの参加は、こうした地域分離運動を封じるためにも必須の政治的課題ということができたのである。

一九九七年五月九日から三日間、自称「ヴェネツィア共和国」(セレニッシマ)の義勇軍兵士八人が装甲車(普通車の改造車)に乗車し、自動小銃を持ってヴェネツィアのサン・マルコ広場にある鐘楼に立て籠(こ)もるという事件が起こった。幸いにして銃撃戦のような大事には至らなかった。また同様の事件が続くこともなかった。このように北部同盟の支持者といっても、実際にはそのほとんどが自宅の居間のテレビでパダーニア共和国の独立祭典を眺めているだけの観客にすぎなかった。武器までとってパダーニア共和国の独立を実現しようとした者など皆無といってよかったのである。それにもかかわらずボッシが創作した民族独立論の〝パロディー〟にあえて同調することで鬱憤(うっぷん)晴らしをしようとした者が多数いたことも間違いのない事実であった(三七八万人もの有権者が北部同盟に投票していた)。

それはともかく、欧州委員会は一九九八年三月二五日、一九九七年度におけるイタリアの財政赤字が三%に削減されたことを認めた。そして欧州理事会は、五月三日にイタリアのユーロへの参加を正式に承認した。こうしてプローディ政権は最大の政治的難問の解決に成功した。また、これによってパダーニア共和国の独立も水泡に帰してしまった。しかしプローディ政権は、ユーロへの参加という国民的な悲願を達成したことによって、たった一度しか使えない稀少な政治的「資源」を使い切ってしまうことになる。そして、その切札がなくなると一気に凝集力を失っていった。

一九九八年一〇月九日にプローディは一九九九年度予算案の成立を図るために内閣信任投票に訴えた。またしても共産主義再建党が財政再建を基調とする緊縮予算に反対したからである。しかもユーロへの参加がすでに決まっている以上、もはや彼らには妥協すべき理由はどこにもなかった。だが一部の党員がこうした方針に反旗を翻していたことから、プローディは事前の票読みにおいて僅差ながら信任票が上回るものと楽観していた。ところが下院での投票の結果、賛成三一二、反対三一三のわずか一票差で否決されてしまう。プローディは議会の解散と繰上げ総選挙の実施を訴えたが、それも大統領によって拒否される。こうしてプローディは、イタリア共和国史上初めて内閣信任決議案の否決によって総辞職を余儀なくされるという不名誉な記録をもつ首相という汚名を着せられ、五年の任期満了を待たずして退陣することになったのである。

5 「オリーヴの木」の自殺

プローディとダレーマ

ここでは、少し時間を元に戻して、まず「オリーヴの木」をめぐるプローディとダレーマとの戦略構想の違いを見てみることにしよう。ダレーマは、すでに一九九七年三月八日の「オリーヴの木」をめぐる会議において、プローディ政権の〝自己満足〟と〝楽観主義〟を厳しく戒めていた。「オリーヴの木」は総選挙に勝利したがイタリア社会ではまだ多数派ではないと考えていたからである。中道右派勢力は統一の失敗ゆえに敗北しただけで、本当は「オリーヴの木」よりもはるかに強い。こうした厳しい客観的情勢の中で「オリーヴの木」のようなもっぱら〝市民社会〟にのみ依拠した運動に政治を委ねてしまうのは極めて危険である。またプローディがいうような「道義性の回復」だけにこだわる市民運動は少数派エリートの〝ナルシシズム〟に他ならず、やがては衰えてしまう。要するにダレーマは「オリーヴの木」を一時的ではかない運動と見なしており、長期的な持続性はないと考えていた。

それゆえダレーマは、プローディ政権とは全く次元を異にする独自の政治戦略を追求しようとしていた。それが一九九七年一月二二日に発足した「憲法改正両院合同委員会」である。これは上下両院各三五人の議員によって構成されていた。そして二月三日には最大与党である左翼民主党のダレーマ書記長が委員長に選出された。また、これは戦後三番目の憲法改正両院合同委員会となるものであった。その基本的な目的は、イタリア共和国憲法第二部「共和国の組織」に関する憲法改正案の作成であった。ダレーマは、大統領から、議会、政府、州・県・コムーネ(日本の市町村に相当)にまで及ぶ大規模な制度改革の主導権を握ることで、第二共和制への移行を一気に達成しようと目論んでいたのである。

プローディはといえば、五年の任期満了まで政権を維持すると宣言していたことから、こうした制度改革は「オリーヴの木」の政権基盤が確立した後に、できれば任期の後半に実施したいと考えていた。その逆にダレーマは、「オリーヴの木」の政権基盤が安定する前に、左翼民主党が主導権を握るなか、議会内の主要政党指導者間の話し合いをとおして、憲法改正の実現を図ろうとしていた。それゆえ政党の党首ではないプローディには両院合同委員会の審議に一切関与させようとしなかった。

フィーニとベルルスコーニ

その一方、野党指導者には特権的な〝対話者〟としての地位が与えられた。その筆頭は野党第一党フォルツァ・イタリアのベルルスコーニであり、次いで国民同盟のフィーニであった。ただ北部同盟のボッシは、両院合同委員会への参加を諒承はしたものの、当時はパダーニア共和国の分離独立論を唱えていたこともあって、審議には欠席し続けた。

じつはダレーマが、この両院合同委員会での〝対話者〟としてベルルスコーニ以上に重視していたのは、国民同盟のフィーニであった。もちろん左翼民主党の党内では、いかに保守政党への転換を模索していたとはいえ、かつてネオ・ファシストであった政党との取引を危険とする見方はまだ強かった。それにもかかわらずダレーマの側近のルチアーノ・ヴィオランティ下院議長は、サロ共和国側に立って戦った〝ファシスト〟青年の心情を理解しようとすることは必要であると述べ、あえて歴史修正主義的な見解を表明することにより、フィーニの〝歓心〟を買おうとしていた。その背景には、フィーニがファシズムの過去との絶縁を図ろうとしていたことがあった。実際、一九九五年一月の国民同盟への転換に際して、これに反対したピーノ・ラウーティを指導者とする急進派ファシストは「イタリア社会運動－三色の炎」を設立し、一九九六年総選挙では独自の選挙戦を展開することになった。それだけではなく、ダレーマは、「即席」政党であるフォルツァ・イタリアには脆弱な組織基盤しかないが、国民同盟にはしっかりした党構造があるので、そのまま穏健化していけば中道右派勢力の主導権を握ることになるという見通しを持っていた。いずれはフィーニがベルルスコーニに代わって中道右派勢力の新たなリーダーになると見ていたのである。したがってダレーマにとって、国民同盟との「歴史的妥協」には、長期的な展望のもとでの政治戦略上の意味があった。だからこそ、この制度改革が実現したあかつきには、イタリア共和国の反ファシスト的「起源」を乗り越える歴史的「和解」が成立するとまで主張していたのである。

しかし、ダレーマの政治戦略が危険な賭けであることに変わりはなかった。とくにベルルスコーニとの関係についてはそうであった。ベルルスコーニの企業犯罪をめぐる訴訟は、相も変わらず続いていた。一九九七年五月一九日にパレルモ地方検察庁は腹心のデッルットリをマフィア幇助容疑で起訴した。また九月三日にミラノ地方検察庁はプレヴィティ代議士の逮捕状許諾請求を下院に提出した（一九九八年一月二〇日に下院は否決する）。さらに一二月三日にミラノ地方裁判所はベルルスコーニに対してメドゥーサ・フィルム買収に関する会計帳簿の不実記載の罪で禁固一年四カ月の有罪判決を下した（ただしイタリアでは最終審すなわち第三審での判決が確定するまで収監されることはなく、そのまま政治活動を続けることができた。また、この裁判は、その後時効が成立して無罪となった）。

総選挙に敗北してリーダーシップにかげりが見え始めたばかりか、このような苦境にまで追い込まれていた刑事被告人のベルルスコーニにとって、憲法改正両院合同委員会のダレーマ委員長から、公式に制度改革の〝対話者〟と認知されたことは干天の慈雨としかいいようがなかった。世論には、ベルルスコーニによるマスメディアの「独占」や政治家と企業家との「利益相反」を追及すべきであるとの意見が、まだ強かったからである。しかもベルルスコーニには、制度改革一般というよりも、司法制度を自分たちに有利な方向に変えていくことが最大の関心事であった。つまり「赤の司法官」の政治的〝迫害〟を司法制度改革によって除去することが最優先課題とされていた。考えてみれば、そんな刑事被告人のベルルスコーニとかつては共産主義者であったダレーマが、第二共和制への体制移行のための憲法改正という国家的重大事をめぐり、ひざを突き合わせて協議するというのは、もはや〝ブラック・ユーモア〟というほかなかった。

ダレーマの両院合同委員会では、首相公選制とフランス型大統領制に原案が絞られていった。そして一九九七年六月四日には、前者の案が三一対三〇で可決される見通しとなっていた。ところが採決の直前になって、それまで欠席していた北部同盟の六人の委員が突然、議場に復帰して、国民同盟が主張していた後者の案に賛成票を投じた。そのため、三六対三〇でフランス型大統領制案が可決されるという予期せぬハプニングが生じた。そもそもパダーニア共和国の独立宣言をしたボッシにとって制度改革には何の利益もなかった。それどころか、こうした制度改革が実現すれば、いずれは左右の陣営が再編されて二大政党制が成立し、北部同盟がその間で埋没することは歴然としていた。そこでボッシは制度改革そのものを阻止することを目的として、こうした妨害活動に打って出たのである。

ダレーマの挫折

ところが、この予期せぬ結果を見て、今度は国民同盟のフィーニが一気に積極的となるという副産物が生まれた。そして、一九九七年六月一八日、ローマにあるジャンニ・レッタの私邸に、ベルルスコーニ、ダレーマ、フィーニ、人民党のフランコ・マリーニ幹事長、国民同盟のジュゼッペ・タタレッラ元副首相のほか専門家四人を含む総勢九人が極秘裏に集まって、食事をしながら会談を行った。そして基本的にはフランス型大統領制を導入するとした一方、国会議員選挙ではフランスのような決選投票を含む二回投票制とはせず、七五％の小選挙区では一回投票制とし、二五％の比例区も従来どおり維持するという、いわば〝修正〟フランス型大統領制案で合意を見た。しかし、この会談が明るみに出るや否や、すぐさまメディアによって「クロスタータ協定」と揶揄されることになった。レッタ夫人が九人の賓客にふるまった料理がクロスタータ(パイ包み)だったからである。さすがにダレーマのこうした裏取引には、左翼民主党の内部からも激しい反発が生まれ、当時副首相であったヴェルトローニ副書記長は直ちに白紙撤回を要求した。ダレーマも七月一〇日には書記長を辞任することも考えたといわれるほど追いつめられることになった。

それでもダレーマはこうした政治戦略に固執し続けた。ところが、〝修正〟フランス型大統領制案によって国民同盟のフィーニの同意を取り付けることに成功した一方、それによって今度はかえってベルルスコーニからの強い反発を買う結果となった。ベルルスコーニは第二共和制が実現すれば、数多くの裁判を抱える自分に代わってフィーニが中道右派勢力の主導権を握る可能性が十分にあることを理解していた。また制度改革それ自体がダレーマによる巧妙な中道右派勢力の分断戦略であることを察知していた。それゆえベルルスコーニは、なおのこと司法制度改革に執着した。先述したように、イタリアでは憲法によって司法権の独立が保障され、司法組織に関するすべての権限は最高司法会議に委ねられていた。そして裁判官と検察官を区別せず単一の職能である司法官として最高司法会議が任命していた。ベルルスコーニは、こうした裁判官と検察官の未分離が、過度に〝政治化〟した「赤の司法官」が生まれる原因であると考えていた。そして、この〝弊害〟を取り除くには、司法制度改革をして、検察官の職能を裁判官から分離して行政権(具体的には法務大臣)の監督下におく必要があると主張していた。

しかし、ダレーマはそこまで妥協することはできなかった。世論から袋叩きにあうことが歴然としていたからである。そこで司法制度改革については最高司法会議の構成員に若干の修正を加えることで何とか妥協点を見出そうとし、フィーニからの同意も取り付けることに成功した。しかし、その時点でベルルスコーニは憲法改正両院合同委員会に反旗を翻すことになったのである。一九九八年六月一〇日に両院合同委員会の審議は停止した。こうしてダレーマの野望ともいえる憲法改正に基づく第二共和制への移行の試みも、あっけなく挫折してしまうことになった。

ダレーマの政治戦略には憲法改正両院合同委員会と並んで、もう一つの重要な柱があった。それは左翼民主党の党改革であった。ダレーマは一九九八年二月一二―一四日にフィレンツェで左翼民主党代表者会議を開催した。それは「コーザ・ドゥエ」(イタリア語で「第二のもの」を意味する)といわれていた。すなわち左翼民主党が第二段階に飛躍するための会議であるとされていた。これには社会主義、社会キリスト教、統一共産主義、社会民主主義を掲げる四つの小党派が合流した。そして左翼民主党という党名から冷戦時代の共産党一党独裁を連想させる「政党」(パルティート)という言葉が除かれ、新たに「左翼民主主義者」(デモクラティチ・ディ・シニストラ。DS)と称することになった。また党章からも鎌と槌が取りはずされ、樫の木と薔薇に変えられた。いうまでもなく薔薇は、欧州社会民主主義のシンボルであった。そうすることによって、なかんずく旧社会党から分裂した小党派を糾合することをとおして党の基盤を拡大し、名実ともにイタリアを代表する社会民主主義政党に変身を遂げようとした。しかし現実には、旧社会党の重鎮であったアマート元首相の合流が実現しなかったこともあって、この試みも成功したとは言い難いものとなってしまったのである。

こうしたダレーマの試みに強く抵抗したのは、プローディ政権で副首相となった左翼民主党副書記長のヴァルテル・ヴェルトローニであった。彼は一九五五年にローマで生まれ、一歳の時に公共放送RAIに勤める父を亡くし、旧ユーゴスラヴィア王国の駐ヴァチカン大使の娘であるスロヴェニア人の母に育てられた。工業高校在学中にイタリア共産党の活動家となり、市会議員や下院議員を務める一方、映画や文化問題に造詣が深かったこともあって党の宣伝部門の責任者となった。オッケットによる左翼民主党への転換に共鳴し、党機関紙『ウニタ』の編集長時代(一九九二—九六年)には、福音書を販売促進のための付録にしたことで世間を驚かせた。口髭をはやした威厳のあるダレーマの怜悧(れいり)な風貌に対して、そのぽっちゃりとした童顔のせいで、ボローニャ名物の脂身が散りばめられた太いソーセージになぞらえて〝モルタデッラ〟と呼ばれていた温顔のプローディとともに、「お人好し」(ボニスタ)の異名を奉られることにもなった。

錯覚

「オリーヴの木」は、それぞれが独立した一二もの党派からなる寄り合い所帯の連合組織であった。プローディやヴェルトローニは、カトリック改良主義者や社会民主主義者からエコロジストまでをも含む進歩主義的諸党派が緩やかな形でまとまっていくなかで、やがてはアメリカ合衆国の民主党のような政党になっていくのが望ましいと考えていた(一九九八年に首相となったダレーマに代わり「左翼民主主義者」の書記長に就任したヴェルトローニは、一九九九年の党大会で"I care"「私がついているよ」をスローガンとした。これは寒村で貧しい子供の教育に尽力した司祭ロレンツォ・ミラーニの有名な言葉であった)。ところがダレーマは共産主義から社会民主主義へのドラスティックなイデオロギー転換は受容したものの、イタリア共産党が培ってきた「左翼」のアイデンティティーとヘゲモニーの存続には固執し続けた。左翼民主党が「左翼民主主義者」に変身しても、それが「オリーヴの木」のなかに発展的に解消されていき、いずれは米国流の民主党になるとはつゆほども考えていなかった。憲法改正による第二共和制への移行が成就したあかつきには、社会民主主義政党に変身したダレーマたちの「左翼民主主義者」が、イタリアにおける二大政党制の一翼を担うことになると考えていたからである。

プローディ政権の屈辱的な退陣についてはすでに見たとおりであるが、少なくともそこに至るまでは、紆余曲折を経ながらも、ユーロ参加を目標として二度にわたり財政再建を基調とする緊縮予算を成立させるなど着々と成果を重ねることに成功していた。そのためプローディ自身こうした成功により有頂天になりすぎた嫌いがあった。「オリーヴの木」が本質的にはイタリアの政治危機という特殊な状況に対応した〝選挙カルテル〟の「方法論」でしかないことを忘れてしまい、あたかも新たな中道左派の「政治理念」の構築に成功したかのような錯覚に陥っていたのである（一九九八年三月には、「オリーヴの木」全国組織委員長らが結成を目前に控えた民主党の菅直人代表の招待によって来日し、全国一二都市を行脚して「オリーヴの木」の〝秘伝〟を伝授するというイベントまで実施されていた）。

ダレーマ政権

それではプローディ政権が総辞職した後はどうなったのであろうか。ダレーマはかねがね総選挙で左翼民主党が首相候補者を立てて国民の負託を受けない限り、左翼民主党の首相が誕生することはありえないと言い続けてきた。東西冷戦が終わって一〇年が過ぎようとしていたが、国民の間にはソ連・東欧諸国の共産党一党独裁の記憶がまだ生々しく残っていた。ダレーマの発言はそうしたアレルギーに配慮したものであった。それにもかかわらずダレーマは、イタリア史上初の共産党出身の首相となる道を選んだのである。

ダレーマにとって、プローディが望む繰り上げ総選挙はあまりにも無謀な賭けであった。せっかく手に入れた権力の座をむざむざと捨てるわけにはいかなかったからである。しかも、憲法改正両院合同委員会の委員長に就任し、第二共和制の〝建国の父〟となることで自らの政治的ヘゲモニーの確立を目指していたダレーマの野望も、むなしくついえてしまった。こうして手詰まりに陥っていたダレーマにとって、自らの政治生命の存続を図るには、与党第一党の指導者として中道左派連合の主導権をプローディから奪回する以外にもう手段は残っていなかったのである。ダレーマの〝レアルポリティーク〟にもとづく冷徹な計算が、プローディにとって〝裏切り〟を意味したことはいうまでもなかった。

一九九八年一〇月二一日にダレーマ政権は成立した。しかし、この政権には、手練の策士であるコッシーガ元大統領によりベルルスコーニを見限った中道右派勢力の再結集を図るために結成された共和国民主連合が加わった一方、共産主義再建党から分裂して政権与党内に止まろうとした「イタリア共産主義者」も加わっており、そうした左右両翼の異質な勢力を取り込むことによって成立していた。しかも閣僚や次官のポストは、新たに成立した連立与党の議席数に応じて配分された。それは旧キリスト教民主党時代の「チェンチェッリのマニュアル」（キリスト教民主党の代議士アドルフォ・サルディの秘書マッシモ・チェンチェッリが一九六八年に派閥間の均衡を図るために考案した閣僚や次官のポスト配分の方程式）を彷彿させるものであった。プローディは、こうした政治的取引を、イタリア政治に特徴的な悪弊である「トラスフォルミズモ」（一八七六年就任のアゴスティーノ・デプレティス政権に起源を持つ左右の党派を超えた無原則的な多数派工作）に他ならないとして、強く批判していた。

もし、そうしたことがなければ、ダレーマ政権の誕生はイタリア政治史上画期的なものとしてもっと高く評価されていたに違いない。というのも、ダレーマ政権の誕生によって、与党第一党の党首が首相となるという、いわば「憲政の常道」が回復されるとともに、反体制政党としてつねに正統性を剝奪されてきたイタリア共産党の戦後史に終止符が打たれることになったからである。しかし、それは一九九六年総選挙で国民の負託を受けた中道左派連合「オリーヴの木」（および「政治改革」の推進勢力としての正統性）を犠牲にするという高い代償を支払うことによって得られた成果に他ならなかったのである。

皮肉なことに、ダレーマが首相となって最初に直面した試練は、一九九九年三月二四日に始まったコソヴォ紛争への〝人道的介入〟を口実とする（国連決議のない）北大西洋条約機構（NATO）軍によるセルビア空爆であった。一〇週間で延べ三万八〇〇〇回の空爆が実施されたが、そのほとんどがイタリア北部のアヴィアーノ空軍基地から出撃したものであった。ダレーマは議会に諮ることなく直ちにそれを承認した。連立与党の「イタリア共産主義者」はもちろんのこと「左翼民主主義者」や三大労組や緑の党の大多数、また教皇ヨハネ・パウロ二世を頂くカトリック教会や関連団体、さらには北部同盟までもが、大規模な反対運動を展開した（空爆中の四月二四日にボッシはベオグラードに赴きセルビアのスロボダン・ミロシェヴィッチ大統領との会見まで行っていた）。しかしダレーマは、結局ベルルスコーニが率いる中道右派の支持を得ることで、この難局を乗り切ることになったのである。

最後に、もう一つ重要なことを付け加えておきたい。一九九六年総選挙で誕生した

政治不信

中道左派政権では、プローディ政権(一九九六年五月―九八年一〇月)、第一次ダレーマ政権(一九九八年一〇月―九九年一二月)、第二次ダレーマ政権(一九九九年一二月―二〇〇〇年四月)、第二次アマート政権(二〇〇〇年四月―二〇〇一年六月)と三人の首相が登場し、四つの政権が誕生した。それ自体中道左派連合内部の分裂と抗争の激しさを物語るものでもあった。

事実上の〝失脚〟を余儀なくされたプローディは、政党間の権謀術数に翻弄された経験から、あらためて自らの組織基盤を持つことの重要性を認識し、一九九九年二月二七日に新政党「民主主義者」を結成した。アメリカの民主党のシンボル・マークである「ロバ」をヒントにして「ロバの仔」(アジネッロ)をシンボル・マークとした。これには「百都市」(チェント・チッタ)運動のフランチェスコ・ルテッリ(ローマ市長)やマッシモ・カッチャーリ(ヴェネツィア市長)、さらには構造汚職を追及して国民的英雄となったアントニオ・ディ・ピエトロ元検事が一九九八年に結成した政党「価値あるイタリア」が合流した。そして一九九九年六月一三日に予定されていた欧州議会選挙では、「左翼民主主義者」と一線を画して、独自名簿によって戦うと宣言した。こうして「オリーヴの木」はついに〝自殺〟を遂げることになったのである(ところが、またしてもダレーマ首相の深謀遠慮によりプローディが欧州委員会の委員長に推薦され、それが一九九九年

三月二五日に内定したことから、指導者が不在となり、この政党も所期の成果を収めることができなかった)。

それはともかく、こうした分裂と抗争があったにもかかわらず、五年間続いた中道左派政権は、国際的なエコノミストのプローディから元共産党員のダレーマに首相が交代しても、EUの「安定・成長協定」が要求する厳格な財政規律を遵守するとともに、財政再建に全力投球し続けた。その結果、少なくともマクロ経済的な数値を見る限りは、海外のエコノミストも驚くほど目覚ましい成果を上げることに成功していた。例えば、一九九六年からの五年間で中長期金利は一〇・七%から五・三%に低下し、消費者物価上昇率も四・六%から二・六%に下がり、失業率も一九九九年の一一・七%が一〇・五%に低下した。二〇〇〇年度の財政赤字はGDPの一・五%に減少し(前年比〇・四%減)、累積公共債務も一一二%(同三・五%減)に減り、経済成長率は二・八%に達していた。

ところが、イタリア国民はプローディのようなプロの政治家たちが考えるほど中道左派政権が達成したマクロ経済的な成果を高く評価していなかった。むしろユーロへの参加のために国民に強いられた財政再建と緊縮財政による犠牲の方が鮮明な記憶として残った。しかも、いずれはもたらされるとされた〝恩恵〟たるや、減税のようにすぐにでも実感できる直接的なものではなかった。もはや国民は「オリーヴの木」政権にはかつてのように大きな期待を抱いてはいなかった。その逆に、中道左派連合の深刻な〝内部分裂〟や熾烈な〝権力闘争〟を目の当たりにすることで、政治改革への期待から一旦は鎮まっていた〝政治不信〟の記憶を、あらためて呼び覚ますことになった。それは、右であれ左であれ、しょせんイタリアの政治はこんなものというシニカルな気分が蔓延するきっかけとなった。また、それは、とりもなおさずベルルスコーニや中道右派勢力が息を吹き返す絶好の環境をもたらすものとなったのである。

第5章
ポップなカリスマ
長期政権

2001年5月総選挙におけるベルルスコーニ(Getty Images)

1 ベルルスコーニの復活――カリスマなき指導者の時代の始まり

〝救命ボート〟

ベルルスコーニは、一九九四年一月二六日に政界出馬宣言を行い、三月二八日の総選挙で画期的ともいえる勝利を収めて第二共和制の幕開けを華々しく告げたものの、政権が発足してわずか七カ月後には北部同盟の〝寝返り〟により屈辱的な形での総辞職を余儀なくされた。それればかりか一九九六年四月二一日の総選挙でも中道左派連合「オリーヴの木」に敗北していた。そのベルルスコーニが二〇〇一年五月一三日の総選挙に勝利することで、六年五カ月ぶりに政権の座に復帰することになった。そこで、ここでは、先ず、何がベルルスコーニの復活を可能としたのかを考えてみることにしたい。

ベルルスコーニは、一九九六年総選挙の敗北後、プローディ政権が至上命題とするユーロへの参加のために導入された「ユーロ税」のような増税を含む財政健全化政策に対して不満を抱く一般庶民を動員することに、活路を見出そうとしていた。とりわけ都市中流階級、民間企業給与生活者、商店主、手工業者、独立自営業者、さらにはEUによる牛乳の生産割り当て規制違反の罰金の支払いを拒否するロンバルディアの酪農家などを組織し、全国各地で「ノー・タックス・デー」(No Tax Day)をスローガンとする反税闘争を展開した。一九九六年一一月一〇日には、さながら反体制運動の指導者と化したベルルスコーニの呼びかけによって、左翼の聖地とされてきたローマのサン・ジョヴァンニ広場には、一〇〇万人もの支持者が「所有は自然権だ」などと記したプラカードを掲げて集結し、自衛手段として不当な税金(や罰金)を支払わないこと(つまりは脱税)の正当性を唱えていた。実際、当時の世論調査では、四九・三%の人々が、生活が苦しくなったのは政治のせいだと答え、八三・五%もの人々がいかなる政党も信頼できないとしていたのである。

しかし、ベルルスコーニがこうした「納税者の反乱」の指導者を演じるだけでは、もはや立て直しが不可能なほど中道右派陣営の危機は深刻な状態に陥っていた。すでに北部同盟はパダーニア共和国独立運動に邁進(まいしん)し、国民同盟も自立の度合を強めつつあった。これに追い討ちをかけたのは、すでに述べたようなベルルスコーニや腹心のデッルットリに対する刑事訴追であった。フォルツァ・イタリアの内部からもベルルスコーニの退陣論や後継者擁立論が公然と語られるようになり、旧キリスト教民主党出身者は中道諸党派の大同団結を模索し始めた。もし左翼民主党のダレーマ書記長が一九九七年一月二二日に憲法改正両院合同委員会を設立して、その特権的な〝対話者〟とするという〝救命ボート〟を与えていなかったならば、おそらくこの頃までにはベルルスコーニの命運も尽きていたことであろう。しかも、二〇〇一年の総選挙まで三年間隠しとおすことになるが、すでに六〇歳となるベルルスコーニは一九九七年五月四日に前立腺癌の手術を受けていた。後には、こうした苦難の時期を「砂漠の横断」と名付けてまるで旧約聖書の逸話のように語ることになるが、それを乗り切ることができたのは、皮肉にも宿敵ダレーマのおかげであった。

転換

ベルルスコーニが退路を断ち切って最初にとった危機の打開策は、フォルツァ・イタリアの大衆組織政党への転換であった。「オリーヴの木」に結集した中道左派諸政党が、民主集中制や党官僚制を連想させる〝政党〟という表現を嫌って、あえて「左翼民主主義者」や「民主主義者」と名乗り、「軽い構造」をもつネットワーク型連帯組織を標榜したこととは対照的であった。そして、組織化の任務を、キリスト教民主党での豊富な経験をもつ下院議員のベッペ・ピザヌとインペリア市長であったクラウディオ・スカヨーラに委ねた。ただし、大衆組織政党とはいうものの、党内民主主義はなきに等しく、重要な役職の任命権は党首すなわちベルルスコーニの専権事項とされ、党大会もつねに満場一致を原則とするコンヴェンションに取って変えられていた。それでも、第一回党大会までには、すでに一六万人もの党員を擁する大衆組織政党への転換に成功していたのである。

それと同時に、ベルルスコーニは、ドイツの首相ヘルムート・コールの支持を取り付けてフォルツァ・イタリアを欧州議会の議員団会派ヨーロッパ人民党に加入させることにより、国際的な次元におけるキリスト教民主主義政党としての正統性を獲得しようとしていた。いいかえると、かつてのキリスト教民主党の正統な後継政党の役割をフォルツァ・イタリアに付与することで党の再生を図ろうとしていたのである。

一九九八年四月一六―一八日にはミラノでフォルツァ・イタリア第一回党大会が開かれた。四月一八日は、イタリア共和国成立後、最初の総選挙でアルチーデ・デ・ガスペリ幹事長の率いるキリスト教民主党が左翼の人民民主戦線に勝利を収めて一党優位政党体制(「はじめに」で述べた優越政党制と同じ)を確立してから五〇周年の記念日であった。

かつてのフォルツァ・イタリアは、顧問を務めたジュリアーノ・ウルバーニやアントニオ・マルティーノのような知識人の影響が強かったために、基本的にはリベラリズムないしネオ・リベラリズムを志向する自由主義政党と見なされていた。それればかりか離婚法や妊娠中絶法の国民投票で圧倒的な影響力を行使したカウンター・カルチャー運動のカリスマ的な指導者であったマルコ・パンネッラが率いる急進党とも連携していたことからも分かるように、「一九六八年世代」の新左翼を中心に広まったポルノグラフィや麻薬の解禁あるいは同性愛者の権利を唱えるリバタリアニズムの傾向すら色濃く帯びていた。事実、ベルルスコーニが所有するアメリカナイズされた新興メディア産業には、そうした反権威主義的な〝サブカルチャー〟に居場所を見出した左翼からの転向者たちが数多く従事していた。それにもかかわらず、ベルルスコーニは、このような自由主義政党の外皮をかなぐり捨てて、かつてのキリスト教民主党のような中道政党への道を選択することに決めたのである。

しかし、だからといってベルルスコーニが、左右の陣営に分裂したキリスト教民主党の後継政党と連携することによって、自らの政党の再建を図ろうとしたわけではなかった。

実際、ベルルスコーニは、一九九九年五月一三日の大統領選挙では、左翼民主党のダレーマが首相に就任したことから、大統領は人民党から出したいと願っていたフランコ・マリーニ幹事長の意向をあえて黙殺し、ダレーマが推挙する、かつてはレジスタンスの闘士であり元イタリア銀行総裁で元首相のカルロ・アゼリオ・チャンピに同調することにより、大統領選挙をとおして自らの存在感を誇示するという戦術に打って出た。ベルルスコーニが支持したおかげで、チャンピはたった一回の投票で当選が決まり、第一〇代大統領に選出されることになったのである。

"野合"による再建

青息吐息のベルルスコーニが完全な復活を遂げるきっかけとなったのは、その一カ月後の六月一三日に行われた欧州議会選挙であった。フォルツァ・イタリアは二五・二%を獲得し、一七・三%に止まった「左翼民主主義者」を大きく引き離す大勝利を収めた。それだけではなく、ベルルスコーニから中道右派陣営の主導権を簒奪(さんだつ)するために「象」(アメリカの共和党のシンボル)を旗印として選挙カルテルをセーニと結んだフィーニの国民同盟も一〇・三%という期待外れの結果に終わった。また、パダーニア共和国の独立宣言をしたり、コソヴォ紛争の最中にミロシェヴィッチ大統領と会見をしたりしたボッシの北部同盟も四・五％という史上最悪の結果となった。そしてフォルツァ・イタリアの勝利、また国民同盟と北部同盟の敗北は、フィーニとボッシにベルルスコーニが中道右派陣営において果たしてきた結集軸としての役割の大きさを再認識させるものとなったのである。

もっとも、この欧州議会選挙は投票率が六九・七％しかなく極めて低調なものであった（一九九六年総選挙の投票率は八二・五％だった）。政治不信がさらに一層強まっていたのである。政権与党第一党の「左翼民主主義者」に激震が走ったのは、この選挙と同じ日に実施されたボローニャ市長選挙の結果が判明した時であった。自党の候補者が過半数を得られなかったからである。そして二週間後の六月二七日に行われた上位二者の決選投票では、中道右派勢力が推す一般市民の精肉業者ジョルジョ・グワッツァローカが僅差ながら勝利を収めることになった。その結果、中道左派陣営は共産党による善政の〝ショー・ウィンドー〟と呼ばれてきたボローニャという牙城を戦後初めて失うことになった。政治への幻滅がもろに政権不信となって跳ね返ってきたのである。ただ、これもベルルスコーニにとっては朗報であるにちがいなかった。

こうして、ついに上昇気流に乗ることに成功したベルルスコーニは、翌二〇〇〇年の春に予定されている州議会選挙に向けて、直ちに大々的な選挙運動を開始した。すでに一九九九年八月には、一五機の軽飛行機が「フォルツァ・イタリアは自由に等しい」とか「フォルツァ・イタリア、フォルツァ・シルヴィオ」などと大書された横断幕を翻しながらイタリア全土を飛び回っていた。しかし、それ以上に重要なことは、ボッシと親密な関係を保っていたパヴィア大学教授の税法学者で第一次ベルルスコーニ政権では財務大臣を務めたジューリオ・トレモンティの仲介により、ベルルスコーニが水面下でボッシとの接触を重ねていたことであった。そしてクリスマス・イヴには、ボッシが「分離主義」を撤回する代わりにベルルスコーニが「連邦主義」の実現を約束するという密約を結ぶことによって、北部同盟を中道右派連合に復帰させることに成功していた(それは州知事候補者の発表が行われる二〇〇〇年二月一三日まで伏せられた)。いいかえると、ベルルスコーニは、キリスト教民主党のような中道政党を目指すといいながらも、結局は北部同盟を取り込むことで、手っ取り早く失地回復を図ろうとしていた。いうまでもなく、それには中道右派陣営の内部からも不満や批判が噴出した。しかし、結果的には、〝野合〟でしかない呉越同舟の同盟戦略の再建が、州議会選挙では見事に功を奏することになったのである。

二〇〇〇年三月三一日、ベルルスコーニは五〇〇〇人が乗船可能な巨大フェリーボートをチャーターして〝自由の船〟「アッズッラ」(青)号と命名し、ジェノヴァから選挙運動を開始した。「自由は人間の本質だ。人間の知性と心の本質だ。人間が愛し合って創造する能力の本質だ。(……若者たちは)もっと恋をしなければならない。その素晴らしさをもっと深くもっと自覚しながら。その素晴らしさは失われて初めて分かるようなものだ。（……）二〇世紀を血に染めた二つのおぞましいイデオロギー（共産主義とナチズム）には若者を惹きつける力があった。（……）私たちの哲学であり自由の宗教である自由主義には、若者の心の中にすぐさま力強く沁みとおっていくほどの魅力はない。だからこそ、君たちの愛を強め、君たちの自由への情熱を強めるために、私は、ここに立っているのである」。

ベルルスコーニがそんな演説をするなか、「アッズッラ」号は、リボルノ、ナポリ、カターニア、レッジョ・カラーブリア、バリ、ペスカーラ、ヴェネツィアを巡航していった。プローディが一九九六年に中古バスで一〇〇都市を遊説したのとは対照的な選挙運動であった。

二〇〇〇年四月一六日に一五の通常州（それ以外に五つの特別州がある）で実施された州議会選挙では、ダレーマ首相が最低でも一〇対五での勝利を確信していたにもかかわらず、新たに「自由の家」を名乗ることになった中道右派連合が、八対七で勝利を収める結果となった。「自由の家」は左翼の牙城であったリグーリアをも含む北部の四州（ピエモンテ、ロンバルディア、リグーリア、ヴェネト）をすべて征服した。また中部でも二州（ラツィオ、アブルッツォ）を奪回し、南部ではプーリアに加えて新たにカラーブリアを獲得した。それは、フォルツァ・イタリアの中道政党化が功を奏して、かつてキリスト教民主党に投票していた穏健派や南部の人たちの票が中道右派連合に戻り始めたことを示していた。

ダレーマは敗北の責任をとって首相を辞任した。州議会選挙のような地方議会選挙の敗北の責任をとって首相を辞任するのは史上初めてのことであった。チャンピ大統領は、中道左派連合の政権枠組みを崩すことなく、かつて社会党のクラクシ書記長の側近でありながらも、一九九二―九三年に首相としてイタリアを財政破綻から救った功績があるアマートを後任の首相に任命した。だが、この第二次アマート政権も、次の総選挙まであと一年となった残任期間をむなしく消化するだけの弱体政権でしかなかった。そして、当時六二歳であったアマートは、中道左派連合「オリーヴの木」の次期首相候補の座まで、まだ四六歳の「アマトリチャーナ風クリントン」と呼ばれた長身のハンサムなローマ市長、フランチェスコ・ルテッリに譲らざるをえなくなってしまったのである(二〇〇〇年九月二五日にはそれを公表した)。

ルテッリは急進党を経て緑の党を設立したラジカルな平和人権活動家でありエコロジストであった。その一方で、一九九三年にローマ市長となったルテッリは、民事婚を一九八二年に済ませていたジャーナリストの妻バルバラ・ポロンベッリと一九九五年にあらためて教会婚を遂げたことで、カトリック教会からの信頼を得ることにも成功していた。また二期目のローマ市長として、二〇〇〇年の「大聖年」を迎えるための都市整備に全面的に協力したことから、教皇ヨハネ・パウロ二世の覚えもめでたかった。

それゆえ、旧共産党員からカトリック左派まで糾合したものの、内紛のためにどちらの側からも候補者が擁立できなくなってしまった中道左派連合「オリーヴの木」にとって、ルテッリは最善とはいえないまでも、まだましな代役の候補者といえた。しかもベルルスコーニが自社テレビ網を駆使したメディア戦略に打って出ることは必至である以上、ルテッリのように若くてテレビ映りがよい候補者を「選挙の顔」として擁立することは、極めて有効な選挙戦術であると考えられていたのである。

すでに六三歳となって額が大きく後退し、身長もわずか一六五センチしかないベルルスコーニは、二〇歳近くも若くて身長は一八〇センチもあり碧眼(へきがん)で金髪の巻き毛のルテッリとのテレビでの直接対決を終始一貫して拒むことになった。「いうまでもなく彼は僕よりもハンサムだ。それは認めなければね。でも政治は美人コンテストじゃない」。それが、ルテッリに、ベルルスコーニさんはもうお年寄りだというけれど、奇跡的に髪の毛は増えているじゃないですか、と増毛手術を皮肉られた時に返した、精一杯の答えであった。

こうして次の総選挙では首相候補者の容貌も〝争点化〟されることになった。その点に限っていうならば、すでにベルルスコーニには大きなハンディキャップがあったといえよう。だが、もしそれだけをもって中道左派陣営が勝利を確信していたとするならば、迷妄(めいもう)の極みといわざるをえなかった。事実、フォルツァ・イタリアはすでに三二万人の党員を要する大衆組織政党に変身していた。そればかりかスカヨーラ党県連調整本部長は、ローマのウミリタ通り三六番地の党本部に陣取って、全国八一〇三都市の情勢を常時ホスト・コンピュータで監視し、担当した選挙区の支持率が伸ばせない県連本部長を直ちに更迭するといった信賞必罰にもとづく民主集中制的な司令塔を取り仕切っていたのである。

サルディーニャの別荘にて，増毛手術後のベルルスコーニ

このようにベルルスコーニは、一九九三年に続いて二〇〇〇年の法律でもテレビ・ラジオでの選挙報道の「対等な条件」(パル・コンディチオ)が定められていたために、スポット広告が駆使できなくなったことも考慮に入れて、テレビ宣伝だけに頼るのではなく、むしろ時代遅れとさえ思われるような宣伝手法(いわば〝どぶ板選挙〟)に訴えることにより、地域に根差した草の根の庶民からなる支持者の掘り起こしを重視するようになっていた。いいかえると、テレビ映りのよいルテッリを首相候補者に擁立し、その人気にあやかりメディアをとおして〝風〟を起こそうとしていた中道左派連合とは正反対の地道な選挙戦略を立てていたのである。そして、そこに、もはやカリスマとはいえないベルルスコーニの復活の秘密があった。

2　「イタリアをまかせてよいのか」——二〇〇一年五月一三日総選挙

ひとつのイタリアの物語

二〇〇〇年の秋には、ベルルスコーニの顔写真と「みんなに減税を！」といった選挙スローガンが大書された巨大な看板が、イタリア全国の街角の至る所に設置され、すでに事実上の選挙戦が始まっていた。二〇〇一年二月二四日には、南部人差別を公言して憚らなかった北部同盟のボッシが、ナポリで開催された国民同盟の党大会に出席し、北部独立論や分離主義を撤回して南部にも北部と同等の権利があると認め、国民同盟をファシストと呼ぶのを止めると宣言した。その後、罵声を浴びながらも警官に守られて旧市街にあるピッツァ・マリゲリータ発祥の店「ブランディ」に赴き、特製のイタリア国旗の三色で彩られたピッツァとデコレーションケーキをたいらげた。国民同盟のフィーニがいみじくも述べたように、まさにこの日に中道右派連合「自由の家」は誕生したのである。

こうしてベルルスコーニは、かつて自分を裏切った〝放蕩息子〟のボッシと、隙あらば寝首を掻こうとしてきた〝父親殺し〟のフィーニを手懐けたことにより、「自由の家」の並ぶものがいない〝絶対君主〟となった。そして選挙宣伝もすべて彼を中心に展開されていった。選挙ポスターには彼の顔写真しか用いられなくなった。いわばベルルスコーニの〝個人崇拝〟が強まっていった。

そして三月になると、『ひとつのイタリアの物語』と題する一二八頁のほぼ八割がカラー写真からなるグラビア冊子がベルルスコーニの所有するモンダドーリ出版社で一二〇〇万部も印刷され、イタリアのすべての家庭にダイレクトメールで郵送された。テレビのスポット広告が法律によって禁じられたために、やむなく採られた戦術であった。

これはベルルスコーニの自叙伝であり、自画自賛の成功物語であった。自分の生い立ちや青春時代の回顧だけではなく、「シルヴィオのちょっとした秘密」と題して最初の妻との円満な離婚や癌の手術をさりげなく告白する一方、母親の異なる五人の子供を分け隔てなく愛する良き父親であり、父に感謝するだけでなく、母を聖母マリアのごとく敬愛し、現在の妻や家族を大事にし、草花や読書を愛好する平凡な家庭人であることを強調した。そして、このようにみんなと同じ普通のイタリア人が刻苦勉励を重ねた結果、先ずは建設業界の覇者となり、次いでメディアの帝王になり、ついには政界に出馬して首相にまでなったことが描かれる。しかし「共産主義者」と結託した〝司法官のクーデタ〟により首相の座から放逐され、その後七年にも及ぶ「砂漠の横断」の日々を余儀なくされてしまう。そのシルヴィオが今ここに復活し、イタリアの自由を守るために立ちあがったのである。ここには、このような〝サクセスストーリー〟を土台とする〝英雄伝〟がつづられていた。

『ひとつのイタリアの物語』は、高い教養を誇りとする人ならば、一読しただけで失笑したであろう。だが、ベルルスコーニがターゲットとしたテレビ・ドラマを好んで視聴するような普通の人々とのコミュニケーションという観点からすると、じつに巧妙かつ周到に練り上げられた「物語」だったといえよう。なぜならば、この物語には、通俗的であるがゆえに、シルヴィオが自分と同じ地平に立つ身近な存在であると同時に成功者としてのロールモデルであると読者に感じさせてしまうような親近感を、もたらす力があったからである。年老いてカリスマが色褪せた英雄の新たな武器がこの親近感だった。最大の選挙戦略は、みんなからベルルスコーニではなく、シルヴィオと呼ばれるようになることであった。これを馬鹿にする中道左派陣営は、その絶大なる効果を読み誤ることになるのである。

メディアの逆襲

その一方で、ベルルスコーニにとって、テレビは必ずしも有利な宣伝手段とはいえなくなっていた。というのも公共放送ＲＡＩのテレビでは、ベルルスコーニの民間商業テレビとは異なって、ベルルスコーニに対する批判や風刺が公然と繰り返されていたからである。人気キャスターのミケーレ・サントーロが司会をしたＲＡＩ第二チャンネルのトークショー「ラッジョ・ヴェルデ」(グリーン・フラッシュ)では、『ライフ・イズ・ビューティフル』で一九九八年度アカデミー賞主演男優賞を受賞した喜劇俳優のロベルト・ベニーニや、政治家の物真似による風刺で知られる女性コメディアンのサビーナ・グッツァンティなどが出演して、ベルルスコーニを辛辣に揶揄していた。

なかでも三月一四日の夜にＲＡＩ第二チャンネルで放送された喜劇俳優ダニエーレ・ルッタッツィが司会を務めるトークショー「サチュリコン」は、大騒動を引き起こした。中道左派系の日刊紙『レプッブリカ』の記者であるマルコ・トラヴァーリオが招かれて、エリオ・ヴェルトリとの共著『カネの臭い——シルヴィオ・ベルルスコーニ巨富の起源と秘密』の紹介が行われ、ベルルスコーニの事業がマフィア資金を得ていたことや、デッルットリが両者の仲介者だったことが、公判記録やマフィアに殺されたボルセッリーノ判事の証言にもとづいて明らかにされたからである。インタヴューが始まると視聴率は急上昇した。無名の出版社から刊行されたこの本も、すぐにベストセラー入りした。こうして多数のイタリア人が初めてベルルスコーニの暗部を知ることになったのである。

二〇〇一年のイタリアでは、テレビから情報を得る人が七七・四％に及び、新聞からはわずか六・四％とされていた。「そこに物があっても、テレビが映さなければ、そこにないのも同然だ」と豪語していた「メディアの帝王」ベルルスコーニが、そのテレビから、しっぺ返しを食らうことになったのである。中道右派陣営はＲＡＩ経営委員会の総辞職を要求したが、少なくともこの総選挙に関する限り、そうした恫喝(どうかつ)にはさしたる効果がなかった。

実際、三月二七日のＲＡＩ第一チャンネルの報道番組「事実」では、もう八一歳となる温厚篤実（とくじつ）な司会者のエンツォ・ビアージが、これまた九二歳となる、一時はベルルスコーニの盟友でもあった保守派ジャーナリストの大御所のインドロ・モンタネッリに行ったインタヴューが、ひと悶着を起こしていた。というのも、モンタネッリが「ベルルスコーニは、自分の言うことが何でも正しいとし、自分の都合に合わせて真実かどうかを判断するような男なのです。あの男は嘘をつく。しかも、その嘘を信じている」と述べたからである。

そうこうするうちに、ベルルスコーニにとっては、思いもかけないところから、鋭い矢が飛んでくることになった。それはイギリスの権威ある週刊誌『エコノミスト』（二〇〇一年四月二八日号）のカヴァーストーリー「イタリアをまかせてよいのか」であった。

「自らに誇りを持つ民主主義国であるならば、たとえどんな国であれ、次の総選挙でまちがいなく首相となるとされている人物が、今も捜査の渦中にあるということなど考えられもしないであろう。しかも、どんな容疑かといえば、資金洗浄、殺人の共犯者、マフィアとの癒着、脱税、政治家や判事、財務警察への贈賄といったものなのである。（……）たとえどんな国であっても、ベルルスコーニ氏は政府の指導者となるにはふさわしくない。ましてや、世界の民主主義国の中では最も豊かな国の一つであるイタリア政府の指導者となるには、なおのことふさわしくない（……）ベルルスコーニ氏を首相に選ぶことは、イタリアの民主主義と法の支配に、暗黒の一日を書き加えることになるであろう」。

そして、それに追い討ちをかけるような形で、四月三〇日には、ノルベルト・ボッビオ、アレッサンドロ・ガランテ・ガッローネ、アレッサンドロ・ピッツォルッソ、パオロ・シロス・ラビーニといった、イタリアの自由主義を代表する知識人たちが「『自由の家』への反対声明」を公表した。

「『自由の家』を投票によって打倒しなければならない。もはや右か左かが問題ではない。民主主義そのものが岐路に立っているのだ。ベルルスコーニは、憲法の第一部、すなわちイタリア共和国の礎となる基本的な諸価値の見直しを欲すると明言している。(……)中道左派に幻滅して投票に行かないと考えている人たちには、こう言いたい。棄権はベルルスコーニに投票するのと同じことになる。『自由の家』の勝利は民主主義の基盤そのものを掘り崩すことになるであろう」(ベルルスコーニは、三月一七日に「イタリア産業総連盟」で行った演説で、憲法の第一部「市民の権利及び義務」は「ソヴィエト共産主義の強い影響下で」「ソヴィエト国家の憲法をお手本に」起草されたものであり、見直す必要があると述べていた)。

さらに『薔薇の名前』で知られる文学者ウンベルト・エーコも、五月八日付の日刊紙『レプッブリカ』で警鐘を鳴らし、有権者に投票に行くよう檄(げき)を飛ばしていた。

「ある日の朝、目を覚ますと、どの新聞も同じ一人の所有者のものとなり、どの新聞も結局は彼の意見しか反映しなくなっていることに気づく。そんなことを望む人など一人もいないであろう。しかし自称『自由の家』が勝つと、そうなってしまう。すでに三つのテレビ局を私有財産として所有する同じ一人の経営者が、今度は政治権力を支配することで、他の三つの放送局(公共放送RAI)まで手に入れることになりかねないからである」。

圧勝

メディア戦では四面楚歌となったベルルスコーニに唯一救いの手を差し伸べたのは、RAI第一チャンネルの人気トークショー「ポルタ・ア・ポルタ」のキャスターを務めるブルーノ・ヴェスパであった。五月八日の番組で、ベルルスコーニが「イタリア人との契約」に署名する場面を全国に向けて放送したのである。これは一九九四年のアメリカ下院議員選挙で共和党のニュート・ギングリッチが考案した「アメリカとの契約」の模倣だった。

契約の内容はわずか五項目であった。①すべての税は所得の三三%にまで引き下げる。②犯罪率を強力に引き下げる。③最低年金を月額一〇〇万リラに引き上げる。④失業率を半減させ、一〇〇万人の雇用を創出する。⑤「巨大公共事業一〇カ年計画」の四〇%を実現する。そして、この五項目のうち四つが、五年の任期満了までに実現できなければ、次の総選挙には立候補しないと約束した(そして、この約束が守られることはなかった)。

こうして選挙戦は過熱し、ベルルスコーニをめぐる「国民投票」の様相を帯びることになった。五月一三日の投票日には有権者が長蛇の列をなし、投票所は深夜まで大混乱となった。投票率も予想をはるかに上回る八一・七%に達した。「ベルルスコーニに賛成か反対か」という争点の単純化が、一九九九年の欧州議会選挙(投票率六九・七%)に棄権した六〇〇万人もの有権者を再び投票所に向かわせることになったのである。その結果、中道右派連合「自由の家」は、下院(定数六三〇)で三六八議席、上院(定数三一五、終身上院議員九)で一七六議席を獲得し、下院では一一九議席、上院では四九議席という圧倒的な議席差を持つ多数派となることによって、中道左派連合に圧勝した。

しかし、よく見ると中道右派連合は前回と比べ得票率を二・七%減らし、中道左派連合は〇・八%増やしていた(下院比例区)。今回、投票率は回復した。しかし、それがどちらかに有利に働くことはなかった。いいかえると、有権者が選択を変えたことによって中道右派連合が勝利を収めたわけではなかった。それどころか、中道左派ブロックと中道右派ブロックの支持構造は著しく安定しており、ほとんど変化はなかった。したがって勝敗の決め手となったのは、「選挙カルテル」の組み方であった。中道右派連合は北部同盟と組むことによって勝利を確実なものにした。他方、中道左派連合は、共産主義再建党ばかりかディ・ピエトロの「価値あるイタリア」との選挙協力にも失敗していた。その限りでは総選挙前から勝敗の帰趨は明らかであり、ベルルスコーニをひたすら「悪魔化」することによってルテッリに「風」が吹くことを期待するしかなかった中道左派連合の無為無策が生んだ「オウン・ゴール」(自殺点)ということもできたのである。

支持された理由

そもそも、今回の総選挙に際して、六二％もの有権者がベルルスコーニの「利益相反」などもうどうでもよいと考えていた。とくにベルルスコーニの中核的な支持者にとって、彼が刑事被告人であり、マフィアとの癒着という重大な疑惑の張本人であることは、もはや何の問題ともならなかったのである。それでは、ベルルスコーニの中核的な支持者となったのは、いったいどのような人々であったのだろうか。ここでは、こうした支持者の典型と考えられる独立自営業者や零細企業主をとりあげることで、その特徴について考えてみたい。

この当時、イタリアの労働人口のおよそ三分の一は独立自営業者であり、一〇人に一人が五〇〇万社以上もあった零細企業で働いていた。そして、そのほとんどが平均従業員数三・九人の家族経営であった。当時、株式を上場していた企業は二四〇社に過ぎなかった。ベルルスコーニのフィニンヴェスト社も、巨大な株式上場企業に成長したとはいえ、その本質は家族経営であった。こうした独立自営業者や零細企業主からすると、ベルルスコーニは自分たちの〝分身〟に他ならなかった。ベルルスコーニが企業家として成功するために採った戦略や手段はむしろ〝お手本〟であった。違法行為や節税（つまりは脱税）また縁故主義の利用も、いわば〝必要悪〟であった。いいかえるとベルルスコーニは心情的に親近感を覚える〝仲間〟であり、なによりも成功者となるための身近な〝ロールモデル〟であった。それゆえ中道左派陣営が展開した道徳的な観点からのベルルスコーニ批判は、少なくともこうした人々に対しては、逆効果以外の何ものでもなかった。こうした人々は、それによって、まるで自分自身が非難されているように感じたからである。

ミラノ地方検察庁長官として構造汚職の摘発に辣腕を揮ったフランチェスコ・サヴェリオ・ボレッリは、この総選挙が終わった年の一二月五日に、こう述懐していた。「イタリアにおける腐敗の問題が、政治家だけではなく、この社会で暮らす多くの人々にも関わる問題であることが明らかになり始めると、平均的な市民は、ミラノ地方検察庁の〝道徳主義者たち〟が、もう一度イタリア全土の大掃除を始めるのではないかという不安を覚えました。(……)そこで、こう言い始めたのです。もうたくさんだ。あんたたちの仕事はもう終わったよ。あんたたちも、おれたちの生き血を吸ってきた古い政治階級からはもう解放されたじゃないか。これからは、おれたちが安心して暮らせるよう、もうじっとしておいてくれよ」。

ところが、こうした不安の声に対して、ベルルスコーニは、かねがね三〇%以上の所得税を払うのは「自然法」に反すると繰り返し述べており、「脱税」にもそれなりの〝道徳性〟があると明言していた。そして、総選挙後も、次のようなメッセージを発することで「平均的な市民」を安心させつづけていたのである。「五〇%、あるいはそれを超えるような税金は、もはや公正なものとはいえないのではないか、とのご質問については、あくまでも可能性としてはということになりますが、脱税をするというのも道徳的には許されるのではないかと私は感じております」。

いいかえると、ベルルスコーニとその熱烈な支持者との間には、こうした、ある種の〝共犯者〟意識ないし〝連帯感〟が存在していた。それゆえベルルスコーニと強い一体感を抱く有権者が彼に投票するのも、いわば「合理的選択」であるという他なかったのである。

いうまでもないことだが、ベルルスコーニに対する有権者の支持構造は、以上のようなことだけでは説明できなかった。というのもフォルツァ・イタリアの最大の支持層は五五歳以上の女性だったからである。専業主婦の四五％、また週一回以上教会に通う信仰実践者の女性の四二％がこの政党に投票していた。また女性には、低学歴となるほどこの政党への投票率も高くなるという傾向があった。こうした女性の投票行動は、かつてのキリスト教民主党の場合と酷似していた。自分の政党をキリスト教民主党のような政党に変えようとしたベルルスコーニの狙いどおりの結果ということができたのである。

さらに興味深いことは、テレビの視聴時間が長い女性ほど、この政党への投票率が高かったことである。そればかりか、ベルルスコーニが所有する商業テレビであるカナレ・チンクエが二〇〇〇年に始めたリアリティーショー番組「グランデ・フラッテルロ」(ビッグ・ブラザー)を好んで視聴する若者の多くが、この政党を支持したことも明らかになっている。外界から遮断された住居に同居する若い男女十数人の私生活をテレビカメラで二四時間覗き見し続けるという、日曜ミサを中継する公共放送RAIしかないキリスト教民主党の時代には考えられもしなかった〝不道徳〟な娯楽番組が、若者の間でベルルスコーニ支持者を増やしていた。このようにベルルスコーニのテレビは、イタリアの「政治文化」に長期間にわたって地殻変動を起こすことにより、自らの支持層を醸成しつづけていたのである。

3 「盗賊支配体制」の成立——第二次ベルルスコーニ政権

G8

ベルルスコーニに「イタリアをまかせてよいのか」をカヴァーストーリーに掲げたイギリスの週刊誌『エコノミスト』に猛然と嚙みついたのは、イタリアを代表する民間企業フィアットの名誉会長ジャンニ・アネッリであった。イタリアは「バナナ共和国」ではない。イタリアはラテン・アメリカ諸国のような政治腐敗や犯罪が日常茶飯事の「後進国」ではないと反論して、ベルルスコーニを擁護した(ベルルスコーニも名誉毀損で『エコノミスト』誌をミラノ地裁に訴えたが、二〇〇八年九月五日に敗訴が確定する)。

そうしたこともあってベルルスコーニは、二〇〇一年六月一一日に成立した第二次政権の外務大臣に、アネッリの信頼の篤い元外交官でWTO(世界貿易機関)の事務局長を務めたこともあるレナート・ルッジエーロを選んだ。じつはアネッリだけではなくイタリアの財界（イタリア産業総連盟）は二〇〇一年総選挙において中道右派連合を支援していた。またベルルスコーニは政権成立後の七月三日に教皇ヨハネ・パウロ二世に謁見する。そして政権をあげてカトリック教会の「利益」（とくにカトリック系私立学校への財政支援や人工授精の法的規制）を守ることを約束した。このように財界や教会といった「強大な権力」（ポテーリ・フォルティ）と呼ばれる伝統的かつ保守的な既得権益集団の支援を受けていたことが、第二次政権と一九九四年に誕生した第一次政権との大きな違いであった。ベルルスコーニには安定した穏健な保守政権を築くことが期待されていたのである。

満を持して再登場したベルルスコーニ首相にとって、二〇〇一年七月二〇日にジェノヴァで開催予定の先進主要国首脳会議G８は、久々の晴れ舞台となるはずであった。しかし、彼自身が花の飾り付けに至るまで細心の注意を払って準備したG８は、世界中から集まった反グローバリズムの活動家と治安当局が激しく衝突したことから、一人の無防備な若者が警官に射殺されるという犠牲までともなう凄惨な弾圧の舞台と化してしまった。ジェノヴァの迷路のように入り組んだ坂道を逃げまどう若者たちに、暴行のみならず拷問まで行った治安当局には、ブッシュ大統領も含む国際世論からの批判が生じた。なかでも〝法と秩序〟を掲げて徹底的な弾圧を指示した国民同盟のフィーニ副首相は、ネオ・ファシストだった彼の過去を思い出させたこともあって、強い非難を浴びることになった。

反イスラム反移民

ベルルスコーニが再び国際世論の注目を集めることになったのは、二〇〇一年九月一一日のいわゆる同時多発テロの直後のことであった。九月二六日にベルリンでプーチン大統領と会談した後の記者会見で、西欧文明の方がイスラム文明よりも優れていると述べたからである。そして「一四〇〇年前のまま止まっているイスラム世界」の諸国民は、かつての共産主義世界の諸国民と同じように「西欧文明化」しなければならないとしたのである。

もっとも、こうした反イスラム言説にはすでに幅広い国民的な支持があった。ボローニャ大司教ジャコモ・ビッフィ枢機卿は二〇〇〇年九月一二日の司教教書で、カトリシズムこそがイタリアの国民的アイデンティティーの基礎となる国民宗教であるとして、キリスト教的な愛徳（カリタス／チャリティ）の精神からイスラム系移民にも分け隔てなく人道的支援を行ってきた「カリタス」のようなカトリック慈善団体を批判し、宗教による移民の選別を唱えていた。また、ニューヨークで死の床にあった著名な左翼フェミニストで女性ジャーナリストの、オリアーナ・ファッラーチが、「9・11」以降、まるで人が変わったかのように、イスラム教徒に対するむきだしの憎悪を書き綴った遺著『怒りと誇り』が刊行されると、爆発的なベストセラーとなった。アメリカは多民族的で多文化的な〝若い〟モザイク国家なのでまだ抵抗力がある。

だがイタリアはカトリシズムにしか文化的アイデンティティーがない〝年老いた〟国だ。それゆえイタリアが誇りとするダンテ、ダヴィンチ、ミケランジェロといった文化的価値を「イスラムの侵略」から守るには、イスラム系移民をこの国から追放しなければならない。そう唱えていたのである。

こうした反イスラム言説をもっと強く主張していたのは、ボッシの率いる北部同盟だった。〝パダーニア共和国〟の〝独立〟に失敗した北部同盟は、「外国人排斥」を掲げて一九九九年の総選挙で大躍進を遂げ、政権参加を果たしたイェルク・ハイダーの極右政党「オーストリア自由党」に感化されたこともあって、二〇〇〇年以降、「反移民」を最大の政治的スローガンとする「単一争点政党」に変身していく。そして、その標的となったのがイスラム系移民であった。また、それにともないカトリシズムへの回帰を強めていった。

北部同盟は二〇〇〇年一〇月一四日にロンバルディア州の地方都市ローディのモスク建築予定地でカトリック司祭を招き一五〇〇人もの反対派市民が参加する「お祓い」のミサを挙行した。市議会が出した建築許可を覆すための示威行動であった。ミサ後のデモでは、「ヨーロッパはキリスト教のものだ」、「その土地にはおれたちの豚の小便がしみこんでいるぞ」、「パダーニアへのイスラム侵略反対」といったスローガンが飛び交った（もっとも、「ローディの反イスラム・ミサ」に関しては、教皇庁国務長官アンジェロ・ソダーノ枢機卿もカトリック教会を代表して、「信仰の自由」の観点から、直ちにこれを否認した)。

第二次ベルルスコーニ政権において北部同盟は、得票率は三・九%しかなかったにもかかわらず、ベルルスコーニに対するボッシの〝威嚇〟が功を奏して、二三の閣僚ポスト中、法務大臣、労働大臣、制度改革・地方分権担当大臣という三つの要職を獲得していた。そして二〇〇二年七月一一日には、国民同盟の同意を得ることにより、念願の「ボッシ-フィーニ法」の成立にまで漕ぎつけたのである。これによってEU域外外国人には指紋押捺が義務化され、滞在許可の申請や更新にも大きな制約が課せられることになった。

しかし、皮肉なことに、この法律に最も強く反対したのは北部同盟の地盤である北部の中小企業経営者だった。外国人労働者を不可欠な低賃金労働力としていたからである。それゆえ法案の修正と、現存の不法就労者を対象とする滞在許可証の事後的な交付を要求していた。また映画監督のスティーヴン・スピルバーグ、指揮者のズービン・メータ、ピアニストのマルタ・アルゲリッチや、何人かのサッカー選手を含む著名な外国人が、指紋押捺はすべての移民を「潜在的な犯罪者」と見なすものだとして反対声明を発表した。それにもかかわらずベルルスコーニは「犯罪組織が貧困を利用して、仕事がないまま、その日暮らしをするような不法入国者をイタリアに送りだしている。イタリアの犯罪の二五%は外国人によるものだ」として、結局はこの法案を容認した。こうして、ボッシは一切の法案修正を拒否し、この反移民立法を成立させたのである。

道化師

ところで二〇〇二年一月一日から共通通貨ユーロが日常生活でも使用されることになった（交換比率は一ユーロが一九三六・二七リラとなった）。だが、多くの人はこれよって物価が上昇したと感じていた。そればかりか、一〇年もの長きにわたり繰り返し約束されてきた景気回復が一向に実現しないことに失望して、苛立ちを募らせていた。そして、その責任はもっぱらユーロに転嫁された。ベルルスコーニまでもが、自らは「ユーロ懐疑論者」ではないと断りつつも、リラの時代へのノスタルジーを表明していた。フィーニもEUについて「経済は巨人」だが「政治は小人で、軍事はうじ虫」のようなものだと揶揄していた。またボッシにいわせれば、EUは民主的正統性のない、官僚と専門家が牛耳る「超国家」であり、「スターリニストのヨーロッパ」に他ならなかった。このように反EUは、反移民とならぶ北部同盟の大衆宣伝の重要なスローガンとなっていた。それゆえ、かねてよりベルルスコーニ政権の粗野な反EU的姿勢を嫌悪していた「ヨーロッパ主義者」のルッジエーロ外相も、二〇〇二年一月五日には早々と辞表を提出していたのである。

ところがベルルスコーニは、好機到来とばかりに自らが外相を兼任すると宣言した。そして、そのひと月後にスペインで行われた欧州連合外相会議では、記念写真の撮影中にスペインの外務大臣の後方上段に立つベルルスコーニが、人差し指と小指を立てて〝寝とられ男（コルヌート）〟のサインをするという、イタリア中の人々を赤面させた〝道化師〟のごとき振る舞いをもって、自分では得意と考えていた国際会議への再登場を果たすことになった。

ベルルスコーニの失言や失態は枚挙にいとまがなく、オバマを「若くてハンサムで日焼けをした」大統領などといったことは、もはや旧聞に属するといってよいだろう。ウォール街の証券取引所でイタリアに投資する価値がある理由に「美人の秘書がいる」ことを挙げたのは、まだましな部類であった。その極めつけは、イタリアがEUの議長国になったばかりの二〇〇三年七月二日に欧州議会で発した暴言であった。ドイツ社会民主党の欧州議員団副議長マルティン・シュルツがベルルスコーニの訴訟問題を追及したところ、激高して、知り合いがナチに関する映画を制作しているので、「強制収容所の監視員(カポ)の役にはあなたを推薦するつもりだ」との弁解の余地なき罵詈雑言を浴びせたのである。

「利益相反」の弁護人

ところが、このようなベルルスコーニの、イタリア人には国辱的だが、もうお馴染みとなった道化師もどきの失態や失言の数々を表層的に追いながら笑い飛ばすだけでは、この政権の本質を理解することはできない。というのも、二〇〇一年の総選挙でフォルツァ・イタリアから当選した二七八人の上下両院議員には四六人もの弁護士(そのうち五人は元判事)が含まれていたからである。いずれもがベルルスコーニ個人あるいは彼の持株会社フィニンヴェストの関連企業から報酬を得ている顧問弁護士であった。また、そこには刑事被告人であるベルルスコーニやデッルットリやプレヴィティ(彼自身も弁護士)の法廷弁護人も含まれていた。

その一人であるガエターノ・ペコレッラは、元は新左翼の活動家だったが弁護士となり、極左や極右のテロリストの弁護活動で知られるようになった後、一九九六年にはベルルスコーニの顧問弁護士となってフォルツァ・イタリアに入党した。そして今回初当選を果たした直後に下院の法務委員会委員長という要職に抜擢されたのである。首相となったベルルスコーニは一〇〇日以内に自らの「利益相反」問題は解決すると約束していた。しかし刑事被告人自らが報酬を与えて雇った顧問弁護士を国権の最高機関である下院の法務委員長に抜擢すること自体、まさしく「利益相反」以外のなにものでもなかった。このようにして、国会そのものが「家産」として私物化されることによって、ベルルスコーニの「利益相反」をなかったことにするような「盗賊支配体制」の構築を目的とした立法装置に転化されていくことになるのである(この点については、後ほど説明することにしたい)。

ベルルスコーニにとって「利益相反」というのは「ジャーナリストのでっちあげ」であり、無視すれば済む程度の軽い問題であった。そのことをはっきりと示していたのは、今回の総選挙でフォルツァ・イタリアから下院議員に初当選したカルロ・タオルミーナを内務次官に任命したことであった。タオルミーナは刑事訴訟法を専門とするマチェラータ大学教授だったが、プーリア州のマフィア型犯罪結社サクラ・コローナ・ウニータのボスであるフランチェスコ・プルデンティーノの法廷弁護人も務めていた。犯罪結社の被告人の弁護士が警察の監督官庁である内務省の次官に任命されるという「利益相反」を、ベルルスコーニは完全に無視していたのである。二〇〇一年七月にイタリア国民は、刑事被告人であるマフィアのボスが自分の雇った弁護人である現職の内務次官に付き添われて法廷に出廷するという、法治国家にはあるまじき、おぞましい光景を目撃することになった（さすがにタオルミーナも批判に耐えきれず就任から半年後には内務次官を辞職した）。

そればかりか、同じ年の八月にはインフラストラクチャー兼運輸大臣のピエトロ・ルナルディが、政府の公約である大規模公共事業を成功させるためには「マフィアやカモッラ（ナポリの犯罪結社）とも共存しなければならない」と述べたことは、この政権が犯罪組織と癒着していたことをはからずも明るみに出すものとなった。二〇〇一年の総選挙において中道右派連合「自由の家」はシチリアのすべての小選挙区（下院四〇、上院二〇）で勝利を収めていた。シチリアを実効支配するマフィアの支援があったことは公然の秘密といってよかった。こうしてシチリアは「自由の家」にとって最大の票田となったのである。

トレモンティ

ところで、ベルルスコーニの「利益相反」を象徴するもう一つの重要な人事は、北部同盟を中道右派連合に復帰させた最大の功労者でもあるジューリオ・トレモンティを、国庫相、予算相、財務相に加えて南部政策担当相、経済計画担当相をも兼任するという史上最強の権限を付与された「スーパー経済大臣」に任命したことであった。なぜならばトレモンティは、ベルルスコーニが首相になるまえから、長年にわたり節税対策などによって報酬を得てきた税務顧問に他ならなかったからである。

トレモンティ経済相は二〇〇一年六月二八日に三億五〇〇〇万リラ(一七五〇万ユーロ)以上の資産に対する相続税を廃止した。これによってベルルスコーニの五人の子供は総額二五兆リラ(一二五億ユーロ)もの資産に対する相続税が免除されることになった。また二〇〇三年五月一六日には、イタリア共和国史上最大の規模となる一五五億ユーロもの税収の確保を目的とする脱税の「赦免」(コンドーノ)を実施した。脱税をした個人や法人は、その事実を申告して四%から八%の重加算税を納付すれば、それまでの脱税が免責されることになった。個人や法人の匿名性は保証され、高額納税者(脱税者!)になるほど重加算税の税率も低くなった。また財務警察による税務調査中の案件や脱税容疑で起訴中ないし控訴中の案件でも「赦免」の対象になるとされた。これによってベルルスコーニのテレビ・広告部門の持株会社メディアセットも、本来ならば一億九七〇〇万ユーロの納税が必要なところ、わずか三五〇〇万ユーロで済ますことができるという恩恵を享受していた。

トレモンティは、相続税の廃止や再投資促進減税のような新自由主義的な政策を追求するかと思えば、年金最低給付額の増額やメッシーナ海峡大橋のような大規模公共事業計画といった旧来型のバラマキ財政を維持するという、著しく整合性の乏しい経済政策を実施しようとしていた。また欧州連合条約の収斂基準が定める三%以下の財政赤字の達成が困難になると、「創造的財政」と称して、文化財をも含む国有財産の大量売却によって対処しようとした(これにはイタリアの文化遺産の散逸を恐れる海外の主要な博物館や美術館の館長三七人が反対声明を発表した)。そればかりか、先述したような脱税や違法建築の「赦免」まで実施した。だがベルルスコーニ政権の「顔」となったトレモンティ〝独自〟の〝新自由主義〟経済政策は、IMF、欧州中央銀行(ECB)、欧州委員会から厳しい批判を浴びることになった。これに反発したトレモンティは北部同盟に同調するような形で反EU色を鮮明にしていった。イタリア銀行総裁のアントニオ・ファツィオはこの事態を深刻に捉え、また国民同盟のフィーニ副首相も倒閣の最後通牒を突きつけて更迭を求めたために、トレモンティは二〇〇四年七月二日に辞任を余儀なくされたのである。

統治能力の欠如

常識的に考えれば、ここまで閣内不一致が高じたならば、第二次ベルルスコーニ政権はいつ崩壊してもおかしくなかった。北部同盟のボッシは、七月一九日に盟友トレモンティ経済相の辞任に抗議して閣僚と下院議員を辞任すると発表した。だが直ちに、彼らが悲願とする憲法改正による連邦制(デヴォリューション)の実現を理由に中道右派連合には留まると宣言した。というのも三月二五日に憲法第二部（共和国の組織）の大規模な改正法案が成立していたからである。この憲法改正法案は、「自由の家」の〝賢人たち〟（サッジ）と皮肉られた法律の素人である四人の与党議員が北イタリアの避暑地の山荘に籠もり、わずか三日間で起草されたものだった。政治学界の重鎮ジョヴァンニ・サルトーリ教授が激怒しながら非難したように、北部同盟の懐柔だけを目的に、立憲主義をないがしろにして、憲法改正がまるで「交換商品」のように与党間で取引されていたのである。

幸いなことに、この憲法改正法案は二〇〇六年六月二五―二六日の国民投票で否決された。だが、もし成立していたならば、チャンピ大統領も懸念していたように、州政府に健康保険や学校や警察の権限が委譲され、国民健康保険制度が崩壊して医療水準の州間格差が生じたり、北部同盟の強い州では「イタリア史」ではなく「パダーニア共和国史」の教科書が用いられたり、カンパーニア州ではナポリの犯罪結社カモッラが警察官に採用されるといった、連邦制の理想とはほど遠い〝悪夢〟が生じることになっていただろう。

総選挙では圧倒的な強さを示したベルルスコーニであったが、政権運営では〝統治能力〟など元々ない〝ディレッタント〟にすぎないことはすぐさま国民の目にも明らかとなった。

しかも与党議員の国会欠席率は異常なまでに高く、そんな欠席者の法案採決ボタンを一人の出席者が次々と手を伸ばしながら押していく場面がテレビで報道され（〝ピアニスト〟と揶揄された)、もはや最低限の道徳規律すら失った議員たちの醜態を国民は目撃していた。それゆえ、すでに政権発足後一年目にして首相が公約を守ったと考える国民は二五%しかいなかった。二○○二年の成長率はわずか○・四%に止まり、累積公共債務もGDPの一○七%と一向に減少する兆しはなかった。深刻な経営危機に陥ったフィアットを始めとするイタリアの大企業からは三万四○○○人もの雇用が失われていた。不安定な非正規雇用しかないため、結婚もせずに両親と同居し続ける若者が増えて、四○歳代の「若者」もいることが話題となり、合計特殊出生率も一・二七に止まった。いずれにせよ、ベルルスコーニが約束した経済の〝奇跡〟が起こらなかったことだけは確かだった。二○○四年六月一二―一三日の欧州議会選挙ではフォルツァ・イタリアはわずか二一%の得票率に止まり、中道左派「オリーヴの木連合」に一○ポイントもの差をつけられて敗北したのである。

司法の陰謀説

だからといって、この政権の脆弱な体質や惨めな成果を指摘するだけでは、その本当の〝しぶとさ〟や〝したたかさ〟そして〝おぞましさ〟を理解することはできないであろう。なぜならば、この政権の本質は、国会を「家産」として私物化することによって自らの「利益相反」をなかったことにしてしまう「盗賊支配体制」の構築にあったからである。

盗賊支配体制というのは「クレプトクラシー」の日本語訳である。「クレプト」は盗賊を、

「クラシー」は支配体制を意味する。いいかえると政治腐敗の極限形態を指している。なぜならば盗賊が政治支配者となることによって、公的権力と私的利益の境界線を決定する権力を握ることになり（つまりは非合法的なものをも合法化しうる権力を握ることになり）、公権力も支配者の私的利益を最大化するための単なる手段となってしまうからである。

ベルルスコーニは、『エコノミスト』誌が指摘したように、すでに一四件もの裁判を抱え、しかもその多くがマフィアとの癒着、資金洗浄、殺人の共犯、脱税、政治家・裁判官・財務警察への贈賄という、およそ一国の首相にはあるまじき重大犯罪に関わるものであった。しかし彼は、これらの裁判はすべて「赤の司法官」、つまり私有財産と自由な市場経済を否定する共産主義者の検事や判事が捏造した党派的「冤罪（えんざい）」であり、政治的「陰謀」だと主張していた。「タンジェントーポリ」（賄賂まみれ都市）や「マフィアと政治家との癒着疑惑」も、ミラノやパレルモの「赤い司法官」が仕組んだ「クーデタ」だとしていたのである。

そして彼の所有する民放テレビ三社の番組ではヴィットーリオ・ズガルビ、ジュリアーノ・フェラーラ、エミリオ・フェーデといった人気キャスターがこうした「陰謀説」を繰り返しキャンペーンしていた。またRAI経営委員会も総選挙後に一新された。総選挙前にベルルスコーニを批判したサントーロ、ビアージ、ルッタッツィは番組から降板となり、RAIでは政権の顔色をうかがうような番組しか制作されなくなった。穏健な論調で定評のあった『コッリエレ・デッラ・セーラ』紙の編集長フェルッチョ・デ・ボルトリでさえも、ベルルスコーニたちの裁判については客観報道を貫こうとしたため、首相の意向を忖度（そんたく）した大株主から退陣を迫られることになった。このように萎縮したメディア環境の下では、ベルルスコーニが唱える「陰謀論」にも一定の〝信憑性〟があり、彼はその無実の〝犠牲者〟だと信じる視聴者や読者も次第に増えていったのである。

特定個人向け法律

いずれにせよ、そうした耳を疑いたくなるような理由で、この政権は、司法権の独立原則を否定する司法制度改革を追求しつづけていた。これに対して全国司法官協会は二〇〇二年六月と二〇〇三年一一月に前代未聞のストライキという手段をもって抵抗した。その一方で、ベルルスコーニは、法の下の平等という原則をないがしろにして、もっぱら自らとその側近のみを有罪判決から救済することだけを目的とする「特定個人向け法律」（レクス・アド・ペルソナム）を次々と成立させた。その一つの典型が、〝破廉恥法（はれんち）〟と呼ばれ、野党議員が欠席するなかで可決された「チラーミ法」だった（二〇〇二年一一月七日法律二四八号、この通称は法案作成者のメルキオーレ・チラーミに因る）。

ベルルスコーニと顧問弁護士のプレヴィティ下院議員は、イタリア最大手の出版社モンダドーリを買収する際に三人の裁判官に対して行った贈賄容疑によりミラノ地方裁判所で審理中であった。そしてプレヴィティに対する結審が近づき、有罪判決が下ることが予想されていた。

そのため「チラーミ法」によって刑事訴訟法を改正し「正当な疑義」がある場合には当該事案の他の裁判所への「移送」が可能となるようにした(そうなれば審理を最初からやり直すことになって時効となる公算が高かった)。プレヴィティは、この法律を利用してブレーシャ地方裁判所への「移送」を求めたが、破毀院(最高裁)はこれを棄却した。そのためミラノ地方裁判所はプレヴィティに懲役一一年の有罪判決を下した。

このように「チラーミ法」は結果的には役に立たなかったので、ベルルスコーニは次の「特定個人向け法律」を考えざるをえなくなった。それが「国家の要職にある者に対する裁判凍結法」(二〇〇三年六月二〇日法律一四〇号)だった(要職とは大統領、首相、上下両院議長、最高裁判所長官)。これによって少なくともイタリアがEUの議長国のとき(二〇〇三年七―一二月)には有罪判決を受けるのを回避しようとしたのである。

しかし、数ある「特定個人向け法律」の中でもいちばんベルルスコーニらしい法律を一つだけ挙げるならば、それは「会計帳簿の不実記載」を「軽微な犯罪」とする二〇〇一年一〇月三日法律三六六号であった。この法律によって不正経理の多くは刑事罰の対象ではなく反則金で処理される「軽犯罪」となったからである。高級スーツを着た「盗賊」たちにとっては、じつに仕事がやりやすい環境が整った。粉飾決算、偽装倒産、脱税、資金洗浄といったマフィアがらみの違法ビジネスが事実上合法化されたといってもよかった。ベルルスコーニ政権はスリ、ひったくり、車上荒らし、空き巣、麻薬密売といった〝ミクロ犯罪〟には厳罰化（ゼロ・トレランス）を唱えた一方、自身も深く関わる金融犯罪については最大限にまで免責しようとした。「法の下の平等」の原則がいとも簡単に「二重基準化」されていったのである。これぞまさしく「盗賊支配」の象徴としか言いようのない法律であった。

だがベルルスコーニの「利益相反」をなかったものにする「特定個人向け法律」ということについては、「ガスパッリ法」（二〇〇四年四月二九日法律一一二号）を忘れるわけにはいかない。これによって民間テレビ放送の独占支配が盤石のものとなったからである。それゆえ煩瑣を厭うことなく、ここに記しておきたい。

憲法裁判所は、民間企業がテレビ局を所有する場合、全国テレビ市場の総売上高の三〇％を超えてはならないとした一九九七年の法律に従って、メディアセット社が所有する民間テレビ三局のうちレーテ・クワトロを二〇〇三年一二月三一日までに衛星テレビ放送ないしケーブル・テレビに移行させるよう命じていた。しかし「ガスパッリ法」は、市場占有率の判定基準を「全国テレビ市場」ではなく、テレビ、ラジオ、新聞、雑誌、映画、さらにはインターネット、CD、ビデオ、DVDまで含む「統合コミュニケーション・システム市場」に変更した（総売上高は三三億ユーロから六六億ユーロに倍増した）。その上で市場占有率は二〇％を超えてはならないとした。こうした〝魔法の杖〟ともいえる新たな判定基準によってメディアセット社の市場占有率は二〇％をはるかに下回ることになり、レーテ・クワトロは従来通りの形で放送を続けることが可能となったのである。

　この法律は二〇〇三年一二月二日に一度可決されていた。しかしチャンピ大統領が署名を拒否して上下両院に差し戻すという異例の事態が生じたために、ベルルスコーニは、急遽、暫定措置法を定めることによりレーテ・クワトロの放送中止を回避していたのである。そして、この法案は、あらためて上下両院で審議されたのち再度の可決を見た。だが大統領にも、上下両院が再可決した法案を、再度拒否する権限はなかった。そして、これが政治改革からおよそ一〇年を経た後のイタリアの姿だったのである。

4　「ああ、奴隷となりはてたイタリア」

老教授の批判

『ああ、奴隷となりはてたイタリア』は、二〇〇六年二月にラテルツァ社から刊行された小さな本の書名である。著者はその三カ月前に八五年の生涯を終えたイタリアを代表する経済学者パオロ・シロス・ラビーニ。三六歳のときの著作『寡占と技術進歩』は、ノーベル経済学賞にも値する業績として高く評価された。教授はアダム・スミスを「わが友」と呼び、古典派経済学の祖というよりも、むしろ人間の本性は「共感」（シンパシー)にあるとするスコットランド啓蒙主義の道徳哲学者として敬愛した。他方、新古典派経済学が礼賛する完全自由競争モデルには終始一貫して懐疑的であり、現実の市場は数多くの「参入障壁」のせいで「寡占的」とならざるをえないとし、独占禁止法すなわち反トラスト政策が決定的な意味を持つと考えていた。

老教授にとって、ベルルスコーニはイタリアという国の積年の悪弊を象徴する宿敵であった。そして、彼のベルルスコーニ批判はただ一点に絞られていた。「一九五七年三月三〇日法律三六一号」によって、国家が行う公共事業、公共調達、許認可の受託者となりうる民間企業の所有者や経営者には選挙による公職への被選挙権がないと定められている。それなのに、三つの民間テレビ局とイタリア最大の広告会社を持ちイタリアの出版物市場の四〇%を支配するフィニンヴェスト社を所有するベルルスコーニが、どうして首相になれたのか。また、その「利益相反」はなにゆえ不問に付せられたのか。

教授の矛先はなかんずく中道左派の政治家に向けられた。せっかく「オリーヴの木」政権ができたのに、ベルルスコーニの「利益相反」と真剣に取り組むどころか放置し続けたからである。それどころか、彼の醜聞や訴追には目をつぶり、来るべき「第二共和制」における中道右派の正統な指導者として認知しようとさえした。ともすればダレーマのような共産党生え抜きの指導者には、清濁あわせ呑む「器量」(ヴィルトゥ)による権謀術数こそが不可能を可能とする政治の「技術」(アルテ)であると考えるようなところがあった。しかも、そうした権謀術数はものの見事に失敗した。それゆえ教授は、このような通俗化したマキァヴェッリ解釈にもとづく安直な政治と道徳の分離を厳しく批判する一方、イタリアの政治や社会に蔓延する道徳的シニシズムに屈することなく、道徳律の単純明快な適用と法支配の厳格なる貫徹を求めたのである。

ところが、逆に中道左派の政治家は、シロス・ラビーニ教授のような道徳問題に固執したベルルスコーニ批判が、一般の有権者からは政治的、イデオロギー的に偏向した個人攻撃と捉えられてしまい、かえってベルルスコーニに同情的となった人々の反感を買うことになることから、政治的には逆効果でしかないと反発した。こうして老教授は、中道右派のみならず中道左派の政治家からも、むやみやたらに政敵を「悪魔呼ばわりする」(デモニッザーレ)のはいかがなものか、と非難されることになったのである。

しかし老教授は孤立していたわけではなかった。教授は、ナンニ・モレッティ(二〇〇一年のカンヌ映画祭で『息子の部屋』がパルム・ドール賞を受賞した映画監督で俳優)が、二〇〇二年二月二日にローマのナヴォナ広場で中道左派の指導者に向かって「こんな指導者では、いつまでたっても勝てるわけがない!」と叫んで以来、こうした文化人や知識人の呼びかけに応じて、イタリア各地の大都市で市民たちが自然発生的に組織しはじめた「ジーロトンド」(子供が輪になって歌う遊戯)と呼ばれる非暴力的な抗議運動に大きな期待をよせるようになった。実際、同年二月一六日のローマでは、司法制度の「改悪」に反対する五〇〇〇人もの市民が法務省庁舎を取り囲んで文字通りジーロトンドを始めたのである。

こうした市民運動は、ダレーマのようにポスト冷戦後の脱イデオロギー的なリアリストを自認して「普通の国」の政治家のごとく振る舞おうとするあまり、政治の世界の惰性に足をすくわれて自縄自縛の状態に陥ってしまった、ペリー・アンダーソンのいう「背骨なき」中道左派の指導者よりも、「オリーヴの木」を支持してきた市民の方が、はるかに健全な倫理感覚と、想像以上に非妥協的な政治的抵抗力を備えていることを、はからずも示すことになった。それゆえ、教授は、それを市民社会の健全で民主主義的な生理的反応という意味で市民社会の「抗体」(アンティコルポ/アンティボディ)と名付けたのである。

ここで教授の遺著に話を戻そう。その書名は、ダンテの『神曲』煉獄編・第六歌から採られたものである。「ああ、奴隷となりはてたイタリア、悲嘆の逆旅、大時化に船頭を失い漂う船、諸国の女王にはあらで、売女宿!」(寿岳文章訳)。ダンテ・アリギエーリがフィレンツェに生まれたのは一二六五年である。政争に巻き込まれて、一三〇二年にこの町から永久追放され、流浪の果てにラヴェンナで客死する。享年五六歳、今もそこに眠る。

おそらく教授は、流浪の身にあって四分五裂したイタリアの無残な姿に悲憤慷慨するダンテに、おのれ自身を重ね合わせて見ていたのであろう。死の二カ月前に渾身の力を振り絞り、次のようにしたためていたのである。

「政治権力だけが腐敗して、市民社会が道徳的に健全ということはありえない。私たちみんなが腐敗のなかにどっぷりと浸かっているのだ。(……)不法労働、違法建築、不正採用試験、不正入札、蔓延する脱税、それに輪をかけて蔓延する贈収賄、八百長が横行するスポーツ界、推薦状が幅を利かす大学教員採用、海外への大量頭脳流出、すべてカネや損得勘定で動く国会議員、破廉恥きわまりない特定個人向け法律、せっかく一九五七年の法律が大規模な公共事業受託者の被選挙権の停止を定めているのに狡猾にもその抜け穴を探そうとする法律家、マフィア、カモッラ、サクラ・コローナ・ウニータとの癒着。(……)〝ああ、奴隷となりはてたイタリア、悲嘆の逆旅〟、〝奴隷〟ここにこそ、今日に至るまでの歴史の紆余曲折を特徴づける中心がある。ここにこそ、私たちの諸悪の根源がある」(「我が同胞市民への訴え」)。

アダム・スミスを敬愛する老碩学(せきがく)には、ベルルスコーニが〝自由主義者〟と自称し「普通の右派の政治家」と見なされることに我慢がならなかった。いくら自由な資本主義の市場経済といっても最低限のモラルやルールを守る必要がある。だが、ベルルスコーニにはそんな意志などさらさらなかった。しかも、それを批判しようものなら、ベルルスコーニを「悪魔化」するなとの大合唱がメディアの世界からわき起こる。したがって、こうしたメディア独占が打破されないかぎり、時たまテレビでロック歌手のアドリアーノ・チェレンターノや喜劇俳優のロベルト・ベニーニがいくら巧みにベルルスコーニを風刺したところで、かえって、さも表現や報道の自由が保障されているかのような錯覚を与えるだけとなりかねない。確かに、これはファシズムや全体主義ではない。だが、果たしてこれでも自由主義や民主主義といえるのか。そんな問いかけを遺してシロス・ラビーニは亡くなっていった。

そして、遺著の刊行から二カ月後の二〇〇六年四月九―一〇日に総選挙が実施されていた。

五年間の〝成果〟

ベルルスコーニ政権の五年間が惨憺(さんたん)たる結果しか残さなかったことは歴然としていた。五年間の平均経済成長率は三・二%とEUで最低となった(EU全体では七・一%)。二〇〇五年度はゼロ成長に止まり、財政赤字はGDPの四・一%、累積公共債務は一〇六・四%、雇用は〇・二%減、若年被雇用者の四九・八%が非正規雇用であった。また国際競争力もこの五年間で二四位から四七位に転落した。すでに三〇%もの若者が親よりも社会的地位が上昇するという夢を放棄していた。なるほど二〇〇四年にはコンピューター、携帯電話、衛星放送設備、有料テレビ契約、DVDの売り上げは九%増え、セカンド・ハウスの購入は三六%も増加した。高級車や高額商品の売り上げは増大し、海外旅行も増加した。しかし社会投資研究センター(Censis)のジュゼッペ・デ・リータ所長によれば、イタリア経済の四〇%が、通常の統計では捕捉しきれない脱税や違法建築や違法ビジネス、さらには犯罪組織が関与する

「地下経済」から成り立っていた（二〇〇五年六月二五日付『コッリエレ・デッラ・セーラ』）。ベルルスコーニが誇示しつづけてきたイタリアの「豊かさ」は、明らかに、そうしたいびつな要因によって支えられたものであった。

それはともかく政権成立後一年にしてベルルスコーニの支持率は二五％にまで低下し、二〇〇四年の欧州議会選挙に続き二〇〇五年の州議会選挙も敗北した。そのため中道右派陣営の結束も終始乱れ続け、財界や保守系有力紙『コッリエレ・デッラ・セーラ』まで離反したことによって、ベルルスコーニはすでにレイムダック状態に陥っていた。

その一方で、中道左派は大小、左右とりまぜて一六もの政党からなる「ウニオーネ」（連合）を設立した。そして二〇〇五年一〇月六日には、一八歳以上の市民なら一ユーロの参加費を払えば誰でも投票できる予備選挙によってプローディを統一首相候補に選出した（参加者は四二九万人）。世論調査でも中道左派が八％から一〇％の差をつけてつねに優位に立っていた。したがって中道左派がこの総選挙に勝利するのは既成事実と思われていた。

事実上の勝利

ところが、こうした劣勢を挽回するために、政権側は総選挙を四カ月後にひかえた二〇〇五年一二月一五日に選挙法そのものを改正するという「禁じ手」に打って出たのである。一九九三年の国民投票で圧倒的多数（八二・九％）の支持を得て実現された選挙制度改革（小選挙区比例代表並立制）を完全に反故にし、比例代表制の復活を決定した。しかも下院では過半数に達しなくても、全国で最大多数票を得た政党連合には三四〇議席（全議席の五四％）を与えるという「プレミアム」条項までもうけていた。また上院は全国二〇の州単位の比例代表制となり、各州で最大多数票を得た政党連合にはその州の全議席の五五％を与えるとした（ヴァッレ・ダオスタ州とトレンティーノ・アルト・アディジェ州は除く）。これにより下院と全く異なる多数派が上院で形成される可能性も生じることになった。

法案提出者である北部同盟のロベルト・カルデローリ改革相自身が「豚の餌」（ポルカータ）みたいだと貶したことから、サルトーリ教授によってラテン語風に「ポルチェッルム」選挙法と皮肉られたためにそれが通称となった。大慌てで連立与党間の複雑な利害計算を盛り込もうとした結果、政治改革の理念を完全に無視する支離滅裂な選挙法となってしまった（実際、憲法裁判所は二〇一三年一二月四日に違憲の判断を下すことになった）。

こうして新選挙法の下で二〇〇六年四月九―一〇日に総選挙が行われた。下院では中道左派ウニオーネが得票率四九・八％を獲得し、中道右派「自由の家」の四九・七％に対して、わずか〇・一％（正確には〇・〇七％、二万五〇〇〇票）の差で勝利を収めた。しかし中道左派は「プレミアム」条項のおかげで三四八議席を獲得し、中道右派の二八一議席を大きく上回る多数派となった。他方、上院では中道右派が五〇・二％を得て中道左派の四八・九％を上回ったものの、議席数ではわずか二議席の差で中道左派が多数派となった。政権側の思惑から今回初めて海外在住イタリア人のために六議席が設けられたが、そのうち四議席を中道左派が得たことにより、このような結果となった。もしそうならなかったならば、中道右派が僅差で上院の多数派を握って、上下両院の多数派が異なるという「ねじれ」現象が生じることになり、中道左派政権の発足も危うくなっていたであろう。

ベルルスコーニはメディアを総動員して「共産主義者」による陰謀の〝スケープ・ゴート〟を演じるというワンマンショーを展開した。一月二九日には総選挙が終わるまでセックスは我慢すると約束して衆目を集めた。四月六日のプローディとのテレビ討論では、最初に購入した住宅にかかる固定資産税（ＩＣＩ）の廃止を公約した。そうしたことによって驚異的なまでに劣勢を挽回していった。こうして史上初めてイタリアを左右に真っ二つにするという異常事態に追い込むことに成功した。事実上の勝利を収めたのは中道右派の方だった。

総選挙に勝利したウニオーネは、まず大統領選挙を実施しなければならなかった。そして中道右派が欠席するなか、二〇〇六年五月一五日に旧共産党員で元内相のジョルジョ・ナポリターノ終身上院議員（当時八〇歳）を第一一代大統領に選出した。そして、その二日後に第二次プローディ政権が成立した。下院での信任投票は新選挙法の「プレミアム」条項のおかげで過半数を制していたので何の問題もなかった。しかし二議席の差しかない上院では四人の終身上院議員の賛成票を得たことで、かろうじて信任されることになった。

ウニオーネ政権は、反ベルルスコーニを唯一の共通項として、共産主義再建党や「イタリア急進主義者」といった筋金入りの左翼から人民党－ヨーロッパ民主連合のように縁故主義の強い南部の旧キリスト教民主党員までが結集した寄り合い所帯であった。しかも新選挙法によって得票率が二％あれば議席が得られることになり、小政党が政権に対する威嚇力を持っていたために、中道左派連合の求心力はますます低下した。その結果、政権綱領は二八一頁にも及ぶ膨大なものとなった。また小政党を含めすべての党派を満足させるために大臣、副大臣、政務次官の数は一〇二人にまで膨らんだ。

このように第二次プローディ政権は、当初から政策やイデオロギーをめぐる党派間対立を孕む極めて凝集力の乏しい政権として発足せざるを得なかった。中道右派は、よしんば自分たちが敗北したとしても、相手陣営の「統治能力」を麻痺させてしまうような「地雷」を新選挙法のなかに仕掛けた上で、選挙戦に臨んでいたのである。そこには、もはや古典的なリアリストのいう「国益」や「国家理性」といった理念のかけらすらなかった。

ところが多くの市民は財政の健全化を目指して脱税を厳格に取り締まろうとする中道左派政権よりも、これを「徴税警察国家」と非難する中道右派の方に同調した。二〇〇六年一二月二日には、所得税や法人税の増税に反対する中道右派の呼びかけに応じて、ローマのサン・ジョヴァンニ広場に二〇〇万人が集まった。

それどころか、政治そのものに無関心であるか批判的な人は、すでに市民の五〇％に達していた（二〇〇六年度『世界価値観調査』）。そして、市会議員から県議会議員や州議会議員を経て国会議員や欧州議会議員に至る、およそ二〇万人もの選挙によって公職に就いた政治家たちは、今や特権的な「カースト」であると批判された。年間四〇億ユーロにも及ぶ彼らのための政治的費用が、市民には何の利益もない無駄遣いだとの声も高まっていった。こうした政治家階級を全否定する「カースト」批判は、中道右派よりも、むしろ一〇年もの長きにわたり政治改革を唱えてきた中道左派の方に、大きな打撃を与えることになった。

反政治と五つ星

ベッペ・グリッロがブログ（www. beppegrillo. it）を始めたのは二〇〇五年のことである。過激な政治風刺でＲＡＩの番組から干されたために各地の劇場や体育館でライブ公演を続けるなか、ジャンロベルト・カザレッジョという有能なハイテク・エンジニアの協力を得ることで開始した新機軸であった。「五つ星」とは身近でローカルな五つの問題（水道、環境、エネルギー、交通、発展）のことを指している。こうして各地の住民運動と結びついていく一方、特権的「カースト」（政治家、大企業経営者、マスメディア）批判を展開した。そして二〇〇七年九月八日にはウェブだけを通してイタリア各地に V-Day の集会を呼びかけ、大成功を収めた（もっともＲＡＩ第一チャンネルのニュース Tg 1 での扱いは二九秒だった）。

V-Dayとは第二次大戦でノルマンディー上陸作戦が始まった日のことだが、グリッロは、そこにイタリアでは日常的に用いられる侮蔑表現「ヴァーファンクーロ」(ケツの穴を掘りに行け／くそったれ)を重ね合わせていた。しかも、あえて九月八日とすることで、ムッソリーニ失脚後の一九四三年のこの日に、バドリオ軍事政権が連合国との休戦条約の発表と同時に、国民をナチ・ファシストの支配下に残したまま、サヴォイア王家とともにブリンディジに逃亡したという国辱的な歴史的記憶を蘇らせようとしていたのである。

V-Dayで示された要求は三つであった。①国会議員は起訴されたら最終審判決前でも被選挙権を剝奪される(有罪判決を受けた国会議員はベルルスコーニを含め二三人もいた)。②国会議員の任期は二期一〇年に限る。③国会議員選挙は政党(ないし政党連合)を選ぶ拘束名簿投票方式ではなく個々の候補者を選ぶ個人記名投票方式とする。

保守派の政治学者サルトーリ教授も、「カーストの足元で大地が揺れている」という論説を著し、愚鈍と思われていた民衆がやっと「カースト」に怒りの声をぶつけ始めたと高く評価した。「正直に告白しよう。今や第二共和制という、この腐りきった泥沼から発する瘴気(しょうき)を吹き払う一陣の風が吹いた。たしかに突風のようなものでしかないが、そのおかげで私も少しは救われたような気がしたのである」(九月一九日付『コッリエレ・デッラ・セーラ』)。

グリッロは一躍イタリアのマイケル・ムーアとなった。V-Dayから一週間後の九月一五日にグリッロは「左翼民主主義者」恒例の「ウニタ祭り」に招待された。しかし彼が激烈な中道左派批判を展開したため、両者の関係は完全に断ち切られることになる。これ以降、彼は左右を問わずすべての既成政党を「カースト」として断罪したばかりか、政党政治に代替する「反政治」運動を提起しようとした。それが「五つ星運動」だったのである。

ところで、第二次プローディ政権は、わずか一年一一カ月二一日続いただけで、二〇〇八年一月二四日、じつに惨めな結末を迎えることになった。クレメンテ・マステッラ法相は、カンパーニア州議会議長であった妻のサンドラ・ロナルドが賄賂要求罪で逮捕されたことに抗議して辞表を提出した。法相によれば彼の妻は検察庁が仕組んだ冤罪事件の犠牲者だった。これに呼応して彼が率いる人民党‐ヨーロッパ民主連合も与党多数派から離脱した。プローディ首相は信任投票に訴えることで危機を乗り切ろうとした。過半数を握る下院ではそれが功を奏した。だが与野党の議席が僅差しかない上院では一五六の賛成に対して反対が一六一に達したため、信任は得られなかった（後に「ウニオーネ」から当選したセルジョ・デ・グレゴーリ上院議員がベルルスコーニに買収されて反対票を投じたことが判明する。次の総選挙で彼が中道右派から立候補したのはいうまでもなかった）。

一九八六年にノーベル生理学・医学賞を受賞した神経学者のリータ・レーヴィ・モンタルチーニ女史は、この時すでに九八歳となる高齢の終身上院議員であった。ユダヤ系イタリア人だ

ったのでファシスト時代には人種法により亡命を余儀なくされるという苛酷な体験を持ってい
た。ところが彼女が上院でプローディ政権を一生懸命に擁護しようとしたところ、中道右派の
議席からは、女史に向かって「ミイラ」は引っ込めとか、「ばばあ」は出ていけとか、「おむ
つ」をはけといった下品な野次が飛ばされたのである。それればかりか、プローディ政権の不信
任が可決されるや否や、「自由の家」のニーノ・ストラーノ上院議員は議場でシャンパンの栓
を抜き、ボローニャ名物のモルタデッラ・ソーセージのひと切れをむしゃぶるように食べ尽く
した。第4章でも述べたが、プローディ首相の綽名(あだな)はモルタデッラであった。それにしても、
これが長い栄光の歴史を持つイタリアという国の元老院(イタリアではでは上院のことをそう呼ぶ)か
と思わざるをえないほど、恥ずべき哀れな光景であることだけはまちがいなかった。

終章
《パルティートクラツィア》から
《ポルノクラツィア》へ

2014年，報道番組に出演するベルルスコーニ．背景には
メルケル(左)とサルコジ(右)が映っている(Getty Images)

プローディ政権の不信任が成立したため、二〇〇八年四月一三―一四日に繰り上げ総選挙が実施された。中道左派はそれに先立つ二〇〇七年一〇月一四日に民主党を結成した。同じ日に実施された欧州初のオープンな予備選挙には三五二万人が参加し、五人の候補者の中から当時のローマ市長ヴァルテル・ヴェルトローニが七六％を獲得して党首に選ばれた。旧共産党員からなる「左翼民主主義者」と旧キリスト教民主党左派（通称「マルゲリータ」）が遅ればせながらの「歴史的妥協」を図ることになったのである。だが冷戦崩壊後一八年目に生じたこの出来事に特別の感慨を覚える人はごくわずかしかいなかった。

ヴェルトローニの民主党は、プローディを中心とする「オリーヴの木」やウニオーネの時代には中道左派連合に参加していた批判的左翼を切り捨て「単独」で総選挙を戦うことを宣言した。これに対抗してベルルスコーニも中道右派連合「自由の家」を解散し、フォルツァ・イタリアと国民同盟を合体した、新たな単一政党「自由の人民」を率いて選挙戦に挑むことになった（正式の結党は総選挙後の二〇〇九年三月二九日）。

野党の消滅

そのため、皮肉にも、政治改革の前提であった小選挙区制が二〇〇五年の選挙法改正で消滅したにもかかわらず、政治改革の目標である二大政党制が実現したかのような錯覚が生まれた。民主党という女王蜂の生贄（いけにえ）となった批判的左翼、すなわち緑の党や共産主義再建党などは「虹の左翼」を結成して選挙戦を戦った。しかし最低得票率（下院四％、上院八％）が超えられなかったため一議席も得られなかった。こうして批判的左翼は史上初めて議会から姿を消すことになった。だからといって、彼らを切り捨てた民主党が勝利を獲得したわけではなかった。手術には成功したが患者は死んでしまったのである。

ベルルスコーニの中道右派連合（「自由の人民」と北部同盟）は下院で四六・八％を獲得し、中道左派連合（民主党と「価値あるイタリア」）に八ポイント（三三八万票）もの差をつけて圧勝した。それまで左右真っ二つに分裂していたイタリアの有権者が、はっきりと右にスタンスを移したのである。最大の勝因となったのは、犯罪の増加を理由に反移民や反イスラムを唱えた北部同盟の躍進だった。また同性婚や生命倫理をめぐり中道左派政権と対立したカトリック教会の支援を得たことも勝因の一つとなった（とはいえ中道右派の指導者であるベルルスコーニ、フィーニ、ボッシのいずれもが離婚経験者であり、熱心なカトリック信者とは到底いえなかった）。

ベルルスコーニは、この勝利で野党は消滅したのも同然と考え、ローマ皇帝のような専制的権力が与えられたと有頂天になった。そして、前政権が積み残した、ナポリのゴミ問題やアリタリア航空の経営危機を、一時的にせよ解決したことによる高揚感と全能感から、支持率が七五％に達したとか、自分は世界で一番愛されている政治指導者だと豪語するまでとなる。また無名のシンガー・ソングライターのアンドレア・ヴァンティーナが作詞作曲した「シルヴィオがいてくれてよかったね」が、ナチ党の『ホルスト・ヴェッセルの歌』のように「自由の人民」の事実上の党歌として歌われるようになっていた。

ベルルスコーニは二〇〇九年四月二五日の国民解放記念日に、四月六日のラクイラ地震で四一人が犠牲者となったオンナという人口三〇〇人足らずの僻村にまで赴いて記念式典を執り行った。オンナは一九四四年六月一一日にナチ・ドイツ軍により住民一七人が虐殺されたいわばレジスタンスの聖地だった。パルチザンのスカーフを首に巻いたベルルスコーニは、ナチ・ファシズムに対する闘いこそが共和国の基礎をつくったと演説した。ベルルスコーニは、これまで忌避してきた国民解放記念日を、あえて地震の被災地となったレジスタンスの聖地で祝うというパフォーマンスによって、自分がもはや左右のイデオロギー対立を超越した「国父」のごとき存在となったということを国民に知らしめようとしたのである。

だがベルルスコーニの絶頂期はそこまでであった。まさにその翌日に始まる一連のセックス・スキャンダルの発覚によって泥まみれになっていったからである。

セックス・スキャンダル

第一のスキャンダルから生まれた流行語は「パーピ」(パパさん)だった。国民解放記念日の翌日の四月二六日の夜、ベルルスコーニはナポリ近郊のカゾーリアという地方都市までわざわざ出向き、ノエミ・レティツィアという一八歳の少女の誕生日パーティに、金のネックレスの贈物を携えて参加した。

タレント志望だった彼女は、メディアセット社にプロモーション用フォト・ブックを送っていた。これにベルルスコーニの太鼓持ちの司会者エミリオ・フェーデが目を留め、彼に紹介したところ、彼も気に入って、身分を明かさないまま彼女の携帯電話にかけたのが発端だった。当時まだ一七歳のノエミは五五歳も年上の彼のことを「パーピ」と呼んで援助交際を重ねた。二〇〇八年の大晦日には、サルデーニャの壮大な別荘ヴィッラ・チェルトーザで行われた年越しパーティにも招かれて一〇日間も滞在した。

後のインタヴューで彼女は、この交際は両親も認めており、自分の夢はタレントなどではなく、国会議員になることだと明言していた。それが冗談で済まされないことは、第二のスキャンダルがはっきりと示していた。

第二のスキャンダルから生まれた流行語は「ヴェリーナ」だった。それはテレビのバラエティー番組で男性司会者の脇にはべるセクシーなショーガールのことをいう（元の意味はティッシュ・ペーパーである）。ベルルスコーニは自局のテレビ番組から選んだ一〇人の「ヴェリーナ」を特訓し、二〇〇九年六月の欧州議会選挙に出馬させようとしていた。

これに嚙みついたのは、すでに五二歳となる彼の二番目の妻のヴェロニカ・ラリオ（本名ミリアム・ラファエッラ・バルトリーニ）だった。それには伏線があった。ベルルスコーニは二年前にモデル出身の人妻である司会者の前で、自分がもし未婚だったら求婚したに違いないと公言していた。ただちにヴェロニカが抗議声明を公にし、彼も謝罪したので一件落着となったかに思われた。だが、その舌の根の乾かぬうちに、彼は当の女性であるマラ・カルファーニャを新政権の男女機会均等大臣に抜擢した。そればかりか、のちには、新政権にいずれもが容姿端麗な四人の女性閣僚を起用したことで、自分の政党がかつての男権的な「フォルツァ・イタリア」から女性重視の「フォルツァ・ニョッカ」に進化したと自画自賛するまでとなっていたのである(二〇一〇年一〇月六日付『コッリエレ・デッラ・セーラ』。「ニョッカ」とは女性器の隠語である)。

二〇〇九年五月三日、ノエミとのスキャンダルを知ったヴェロニカは「未成年の少女のところに通うような男とは一緒に暮らせない」と正式に離婚を要求した。そしてベルルスコーニがもたらした「ポルノクラツィア」(ポルノ政治体制)の下で若い女性たちに蔓延する道徳的頽廃をこう慨嘆した。「もうたくさんです。年端もいかぬ少女たちが成功や名声やお金を求めて自分の操(みさお)を魔物に捧げようとするなんて。それにはもうついていけません。こんないかがわしい錬金術がはびこっているせいで、この国では皇帝のやることなすことすべてが、認められ、許されてしまっているのです」(二〇〇九年五月三日付『レプッブリカ』)。

ところが、それに先立つ四月三〇日に中道右派系のマイナーな日刊紙『リーベロ』は、「ヴェロニカこそ恩知らずなヴェリーナ」と題する大見出しを一面に掲げたばかりか、わざわざ彼女が三〇年近くも前にマンゾーニ劇場の舞台で胸をはだけ、乳房を露出した写真を探し出して掲載した。ヴェロニカも、かつては二〇歳も年上で既婚の新興成金の愛人となった「ヴェリーナ」に他ならず、性的魅力を武器に野心を遂げようとする若い女性を批判する資格など彼女にはないと攻撃したのである（この記事を書いたヴィットーリオ・フェルトリは、すぐにベルルスコーニが所有する日刊紙『ジョルナーレ』の編集長に抜擢された）。

第三のスキャンダルは流行語こそ生まなかったが、今まで以上に衝撃的なものだった。パトリツィア・ダッダーリオという女性が、ベルルスコーニとローマの私邸グラツィオーリ宮殿で性的関係を持ったと暴露したからである（二〇〇九年六月一八日付『コッリエレ・デッラ・セーラ』）。彼女はすでに娘までいる四二歳の、「エスコート」と呼ばれるプロの娼婦だった。南イタリアのプーリア州の州都バーリから彼女をローマに派遣したのは、ジャンパオロ・タランティーニという義歯材料など医療用品販売会社を営む三四歳の経営者である。彼は許認可の口利きと引き換えに闇で首相に娼婦を斡旋する女衒（ぜげん）だった。それればかりかパトリツィアがこの事実を暴露した理由も驚くべきものであった。彼女は二〇〇九年の市会議員選挙に中道右派系の「プーリア・ファースト」から立候補していた。それなのにベルルスコーニが約束を裏切り応援を拒否したため七票しか得られず落選したからだというのである。驚くのは、ノエミのような一八歳の少女であれ、パトリツィアのような四二歳の女性であれ、ベルルスコーニのような全能の権力者に気に入られて性的関係が持てれば、市会議員ぐらいにはすぐにでもなれると本気で信じていたことであった。

しかもパトリツィアは、娼婦という職業上の自衛策として首相とのベッドや電話での会話を睦言まで含め極秘裏に録音していた。そして、それを公表し、本にもした。彼女は首相と初めて性的関係を持った日付を正確に記憶していた。オバマが大統領選挙に当選した二〇〇八年一一月四日だったからである。大統領選挙の日はイタリアの首相もアメリカ大使館に招待されて開票速報を一緒に見るのが恒例となっていた。これをベルルスコーニは熱があるといって断り、グラツィオーリ宮殿の寝室に据えられたプーチンからの贈物の巨大なベッドのなかでパトリツィアと翌朝まで過ごした。そんな事実が白日の下にさらされた。

これに堪忍袋の緒が切れたのは、教皇ベネディクトゥス一六世の意を受けたイタリア・カトリック司教協議会だった。この協議会が発行する日刊紙『アッヴェニーレ』は六月三〇日、ベルルスコーニに対し、この問題について速やかに釈明するよう求めた。だが、それに答えたのはベルルスコーニ本人ではなく、またしてもフェルトリであった。ベルルスコーニによって『ジョルナーレ』の編集長に抜擢されたフェルトリは、八月二八日付の同紙に、『アッヴェニーレ』の編集長ディーノ・ボッフォが、過去に横恋慕した人妻への嫌がらせで罰金刑を受けた前科を持つ同性愛者だと書き、その証拠書類を転載した。ボッフォは抗弁しようとしたが教会を泥試合に巻き込むのを避けるために編集長を辞任した。だが一二月四日にもなってフェルトリは、証拠書類がすべて捏造だったことをあっさりと認めた。それにもかかわらず『アッヴェニーレ』も教会もこの問題を蒸し返すことはなかった。ヴェロニカといい、ボッフォといい、ベルルスコーニに楯つくものは、彼が飼いならした獰猛（どうもう）な番犬から、このように卑劣な人身攻撃による報復を受けることになったのである。

そして第四のスキャンダルから生まれた流行語は「ブンガ・ブンガ」だった。二〇一〇年五月二七日、褐色の肌をしたディスコ・ダンサーである一七歳のルビー・ルバクオリ（「心を奪うルビー」という源氏名（げんじな））が窃盗容疑でミラノの警察に逮捕され、拘留された。そして真夜中になってパリに滞在中の首相から警察に、彼女はエジプトのムバラク大統領の孫だからすぐ釈放するよう電話がかかってきた。いわゆるルビーゲイト事件の始まりであった。

彼女の本名はカリーマ・エル・マフルーグ、一九九二年にモロッコの貧しい家庭に生まれた。九歳の時に家族とともにシチリアのメッシーナに移住する。しかし一四歳で家出をしてディスコ・ダンサーをしながらカターニアで暮らしていた。二〇〇九年に運命が一転する。ある美人コンテストに参加したところ、ノエミのスキャンダルでも登場した司会者のエミリオ・フェーデが審査員をしており、彼の目に止まったからである。そして彼の世話で二〇一〇年からミラノに移り住み、ベルルスコーニのアルコレ邸に通うようになった。

しかしミラノ地方検察庁が、首相の奇怪な行動に関して未成年淫行と職権濫用の容疑で捜査を始めたのは、半年以上も後の二〇一一年一月一四日のことであった（すでに述べたようにルビーは当時一七歳の未成年だった)。その捜査から、アルコレ邸で定期的に開かれていた「ブンガ・ブンガ」と呼ばれる酒池肉林(しゅちにくりん)の饗宴(きょうえん)の実態が明らかとなっていた(「ブンガ・ブンガ」とは金で買われた十数人の若い女性が猥褻(わいせつ)なダンスで競い合い、その勝者が首相と一夜を共にできる、つまり、より多くの謝金が貰えるというゲームで、ベルルスコーニが盟友であったリビアの独裁者カダフィ大佐から教えられたものだといわれている)。

ベルルスコーニは、予想通り、左翼の司法当局が彼の顔に泥を塗るために仕組んだ陰謀だと猛反発した。しかし一月一八日に新聞報道が大々的になされると、すでに与党を離脱して新会派を立ち上げていた旧国民同盟のフィーニ下院議長は直ちに辞任を要求した。教皇庁国務長官タルチージオ・ベルトーネ枢機卿も「公的な責任を有する者には道義性と遵法性が求められる」との声明を発表した。野党民主党のピエル・ルイジ・ベルサーニ書記長も辞任を求める一〇〇〇万人の署名運動を始めると宣言した。二月一三日には「今でなければいつ」というスローガンを掲げて女性の尊厳を求める集会が全国二三〇の都市で開かれて、一〇〇万人の女性が参加した。その翌日の二月一四日ベルルスコーニは起訴された。野党はあらためて即時辞任と解散総選挙を求めた。しかし彼は任期満了の二〇一三年まで政権を維持すると抗弁した。そして、結局は、この難局もやり過ごすことに成功した(首相辞任後の二〇一三年にミラノ地方裁判所はこの事件に対して禁固七年と終身公民権停止の判決を下した。しかし二〇一四年に控訴院(高裁)は証拠不十分で第一審判決を破棄して無罪の判決を下した。二〇一五年に破毀院（最高裁）もこれを認めたため無罪が確定した。しかし、それに先立つ二〇一三年八月一日、メディアセット社の巨額脱税事件に関して禁固四年の実刑判決が確定したため、延べ三三件に及ぶ訴訟において初めての有罪判決を受けることになった。しかし恩赦法により禁固一年に減刑されたばかりか、七七歳と高齢のため自宅監禁か社会奉仕活動により代替できたので、社会奉仕活動を行うことで刑期は終了した。だが二年間の公民権剝奪となり、上院により議員資格も剝奪された。公民権は二〇一五年に回復したが、被選挙権は二〇一九年まで停止された。二〇一八年一月現在、その撤回を求めて欧州人権裁判所に提訴中である）。

イタリア政治学の泰斗サルトーリ教授は、一連のセックス・スキャンダルが示していた政治的頽廃を、こう批判していた。「びっくりすることは山ほどあるが、わが国の代議士の大多数に見られる卑屈な態度や知的頽廃の凄まじさには目を覆いたくなるほどだ。まるで家事使用人ではないか。二大政党制が完成したとは口が裂けても言えまい。この国にあるのは宮廷政治よりもたちの悪いスルタン支配体制である」（二〇〇八年七月五日付『コッリエレ・デッラ・セーラ』）。だが、こんな話はもうこれくらいにしておこう。

最大のリスク

そこで話はかわるが、二〇一一年三月一七日はイタリア統一の一五〇周年を祝う記念日だった。この日を国民の祝日にしたいと提案したのは第一一代大統領ジョルジョ・ナポリターノである。ローマのヴェネツィア広場のヴィットーリオ・エマヌエーレ二世記念堂で行われた記念式典で、大統領は整列した国防軍将兵とともにイタリア国歌『マメーリの讃歌』を斉唱したのち、無名戦士を祀る祖国の祭壇に花輪を捧げた。その瞬間、三機の航空機が現れ、赤白緑の煙でイタリア国旗を空中に描いた。すでに八五歳となっていたが、背が高く禿頭(とくとう)で痩身(そうしん)のナポリターノには、大統領という国民統合を象徴する国家元首にふさわしい「国父」の威厳が漂っていた。しかも国民の八五%から九二%にも及ぶ驚異的な支持率を得ていた。だが歴史の皮肉とはこのことをいうのであろうか。というのも、ナポリターノは、ベルルスコーニが「自由」の敵と蛇蝎(だかつ)のごとく憎悪してきた「赤」以外の何ものでもない、かつてのイタリア共産党を代表する指導者の一人だったからである。

二〇〇九年一〇月のギリシャに端を発する欧州ソブリン危機は、二〇一一年七月になるとユーロ圏第三位の経済大国のイタリアを襲い始めた。トレモンティ経済相はイタリアがPIGS(ポルトガル、アイルランド、ギリシャ、スペイン)のように金融基盤の脆弱な国ではないと主張したが、国際金融市場はそれを無視し、PIIGSという新造語によりイタリアもその一員と見なすようになった。イタリアとドイツの一〇年物国債の金利差の指標であるスプレッドは、投機筋が動いたことで七月一日の一七八(一・七八%)が一〇日後には三三七に跳ね上がった(ベルルスコーニが首相を辞任する六日前の一一月九日には五七五に達した)。それにつれて株価も急激に下がっていった。イタリアは一九九二年の欧州通貨危機を彷彿させる国家存亡の危機に陥り始めていたのである。

だがベルルスコーニは、八月三日の国会演説でも、イタリア経済は大丈夫だと楽観視し続けた。若者は携帯電話で楽しそうに恋を語り合っているし、レストランはお客で賑わっているからだというのである。これに驚いた欧州中央銀行のジャン・クロード・トリシエ総裁は、その翌日イタリア政府に秘密書簡を送り財政再建案の即時策定を勧告した。しかし、もはやイタリア政府は統治能力を失っていた。というのも、すでに緊縮政策をとり始めていたトレモンティ経済相とベルルスコーニとの対立が激しくなったばかりか、政権の命運を握る北部同盟が年金改革などの緊縮政策に強硬に反対していたからである。

この頃から、ドイツのメルケル首相はナポリターノ大統領に何度も電話をかけ、「ご覧のようにベルルスコーニ氏にはもうこの状況に対処する能力はありません。すぐに別の政権を立てる必要があります」と訴えていたといわれている(二〇一一年一二月三〇日付『ウォール・ストリート・ジャーナル』。ただし両者はともにこの事実を否定した)。

そして、一〇月二三日、ついに運命の日がやってきた。欧州理事会後の共同記者会見で、フランスのサルコジ大統領とメルケル首相が、「ベルルスコーニ氏は信頼できますか」と問われて一瞬答えに窮したのち、たがいに顔を見合わせて、うすら笑いを浮かべた。イタリアにとって屈辱的なこの映像は一瞬にして世界中に広まった。こうしてベルルスコーニこそがイタリアにとって最大のリスクであるとの確信を誰もが抱くようになったのである。

ナポリターノ大統領は、一一月八日、下院に提出された年次決算報告案が、野党が棄権したのみならず与党からの離反者のせいで、過半数の三一五票に満たない三〇八票で通過したのを見て、ベルルスコーニが多数派を失ったと判断し、その夜に辞任を求めた。その翌日の九日には自らが信頼を寄せるミラノの名門私学ボッコーニ商科大学学長マリオ・モンティを終身上院議員に任命した。モンティはイェール大学で学び、欧州委員会委員を務めた経験を持ち、アメリカの投資証券会社ゴールドマン・サックスの社外取締役をも兼任するイタリア有数のエコノミストであった。こうして外堀を埋められたベルルスコーニは、一一月一二日、ついに辞表を提出した。大統領は、彼が求める解散総選挙を認めず、モンティに組閣を命じた。その結果、すべての政党は「一時休戦」を余儀なくされ、すでに八六歳となる大統領の監督下、見方によれば超法規的ともいえる「危機管理」政権が誕生した。

思えばキリスト教民主党の一党優位政党制の下で確立した「パルティートクラツィア」を打破し、政権交代が可能な二大政党制に基づく「第二共和制」を樹立することが政治改革の目標であった。ところが二〇年にも及ぶ「長い過渡期」が終わってみると、結局のところ「ポルノクラツィア」としかいいようのない究極の「権力の私物化」を背景とする陳腐な瘋癲(ふうてん)老人伝説を歴史に残しただけで、二大政党制の実現どころか政党政治の崩壊にまで行きついてしまった。

ひょっとすると「第二共和制」は生まれた時からすでに死産していたのかもしれない。

イタリア人の夢

フェッライヨーリ宮殿はローマのコロンナ広場に面しており、真向かいには首相官邸のキジ宮殿が建っている。二〇一二年五月二八日から三日間、フェッライヨーリ宮殿の一室で「イタリア人の夢」と題する、ちょっと風変わりなインスタレーションの展示が行われた。サブタイトルは「ベルルスコーニの時代の最終的なイメージのために」。このインスタレーションの制作者は、二〇〇二年六月一日アムステルダムにおいて、イタリア人では初めてゲイとしての結婚式を挙げたアントニオ・ガルッロとマリオ・オットチェントのカップルであった。

この宮殿の展示室の中央に設えられたガラス張りの柩（ひつぎ）には、シリコン製のベルルスコーニの遺体が臙脂（えんじ）色をした天鵞絨（ビロード）のマットレスの上に安置されていた。ベルルスコーニは丁寧に植毛が施術された頭を繻子（サテン）のクッションにのせて、まるで眠れる森の美女のように、うっすらと微笑みながら眼を閉じている。右手は二〇〇一年総選挙でイタリアの全世帯に配布されたグラビア冊子『ひとつのイタリアの物語』の上に置かれ、左手はベルトが外れチャックが下ろされたズボンの中で何かをまさぐっている。いつもと同じようにブルーのカッターシャツの上に紺色のダブルのスーツを纏ってはいるが、ドット柄の紺色のネクタイの襟元は大きく緩められており、両足はミッキーマウスのアップリケが付いた赤い大きなスリッパをはいている。

「イタリア人の夢」というタイトルは、ベルルスコーニが高級娼婦（エスコート）のナディア・マクリに「チャオ！　イタリア人の夢である僕だよ」と電話をかけたことに由来する。

それはさておき、カトリック信仰を持つ世界では聖人の身体（遺体）を聖遺物として大事に保存するという習慣があった。またモスクワの赤の広場にあるレーニン廟や天安門広場の毛主席記念堂からも分かるように、非宗教的な共産主義の国々でも英雄の身体（遺体）を保存することにより個人崇拝を永続化させようとしてきた。

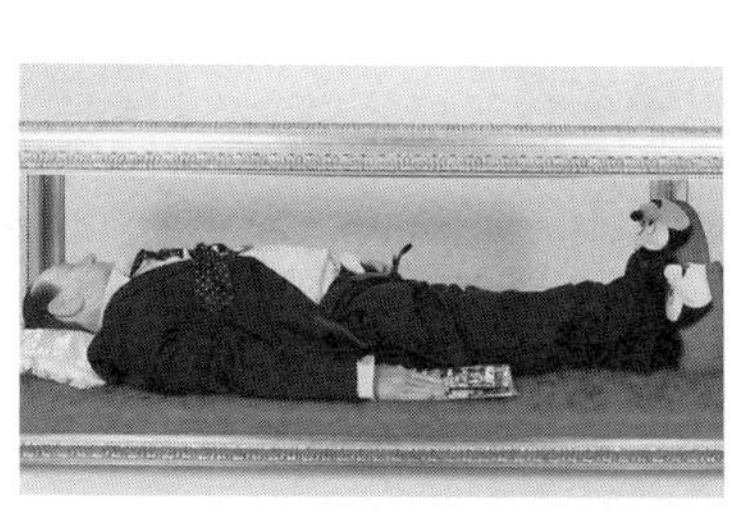

「イタリア人の夢」

いうまでもなく、イタリアも、衰弱の兆しが見えるとはいえ、れっきとしたカトリック国である。そして、そのような国であるイタリアでは、ベルルスコーニという指導者を長年にわたり明けても暮れても目にすることによって、イタリア人全員が、いつの間にか好き嫌いは別として、彼の演じる見世物の熱心な観客となってしまった。それゆえベルルスコーニが、生前か死後かはともかく、いずれは個人崇拝の対象となるのは必至だ。そうなってしまうと現実とはかけ離れた彼の虚像だけが、どんどん独り歩きしていくことになる。ならば、いっそのこと先回りしてベルルスコーニの死を横取りし、聖遺物となってしまう前に、その身体（遺体）のシミュラークル（模像）を制作しておいたほうがよい。このインスタレーションの制作者たちは、そんなふうに考えたのではないかと思われる。

それにしてもベルルスコーニの時代は、いったい、いつになれば終わることになるのであろうか。ひょっとするとベルルスコーニが、ドン・ジョヴァンニのような運命を辿ることがない限りは、だらだらと、いつまでも続いていく他ないのかもしれない。

あとがき

私が本書の執筆依頼を受けたのは二〇〇六年のことである。岩波書店の小田野耕明さんから「現代イタリア——戦後デモクラシーの崩壊」といった題名で書いてみないかとの提案があった。私は在外研究中でフィレンツェに滞在していた。アルノ川の右岸に沿って、ウッフィツィ美術館とヴェッキオ橋を経てピッティ宮殿を結ぶヴァザーリの回廊の前に建つジローラミ宮殿の一室が、私の寓居であった。この宮殿は記録によれば一四九五年に建立されたものである。だが一九四四年八月四日の未明、ナチ・ドイツ軍が撤退時に仕掛けた爆薬によりアルノ川にかかる四つの橋とともに瓦礫の山と化してしまう(ヴェッキオ橋だけは爆破を免れた)。したがって私が暮らしたのは戦後に再建された宮殿である。

イギリスの作家エドワード・モーガン・フォスターの小説『眺めのいい部屋』(一九〇八年)がジェームズ・アイヴォリー監督によって一九八六年に映画化された。その舞台となるペンション・ベルトリーニの撮影に使われたのはジローラミ宮殿の一角を占めるホテルだった。だが私が暮らしたのはアルノ川が一望できる「眺めのいい部屋」ではなく、家主のビアンキ夫人が暮らす三階と二階との間の、メッザニーノと呼ばれる中三階に位置する「眺めのない部屋」だった。かつてここには家主のお抱え料理人が暮らしていた。北向きの窓を開けても、今はもう教区司祭が不在のサント・ステーファノ・アル・ポンテ教会に連なる家々の赤い瓦屋根とそこに生える雑草を啄ばむ鳩や小鳥たちの姿しか見ることができなかった。

それからもう一二年もの歳月が過ぎてしまった。本書の前半はすでに「眺めのない部屋」で書き終えていた。だが、その後の展開がどうしても見通せなかった。そのため未完のままとなった。その一方で私は「政治の人格化」や「パーソナル・パーティ」(マウロ・カリーゼ)あるいは「政治の家産制化」(ポール・ギンズボーグ)といった概念を援用することによってベルルスコーニ現象の本質を何とか定義しようと努めた。この現象にはイタリアの歴史や政治の特殊性に還元できない普遍性があると見ていたからである。だが十分に納得のいく答えは得られなかった。そうこうするうちにベルルスコーニは二〇一一年一一月一二日、ついに辞表を提出する。いつまでも逡巡し続ける私を置いてきぼりにしたまま時代の方が勝手に先へと進んでいった。それればかりかトランプ大統領の出現を始めとしてベルルスコーニ現象の普遍性を証明するような状況が世界の各地で生まれている。

私が重い腰をあげて再び本書に取り組むことになったのは、あらためて小田野さんからの強い勧めがあり、中山永基さんという新進気鋭の編集者が私の担当となったからである。

親子ほども歳の差がある次世代の編集者と密度の濃い会話を重ねていくことにより、団塊の世代に属する私が、たとえ不完全なものではあれ、本書のような同時代史としてのイタリア現代史を書き遺すことの意味を思いもかけず自覚させられることになった。もし小田野さんと中山さんがいなかったら本書は永遠に日の目を見ることはなかったであろう。お二人には心からの謝意を表したい。

私が公私にわたりお世話になった方々のお名前をすべてここに記すことは残念だが不可能である。それゆえ本書を執筆する上で直接支援して頂いた方々のお名前を記すにとどめたい。フィレンツェ大学名誉教授のマリオ・ジュゼッペ・ロッシ氏は本書の執筆中に生じた数限りない私の疑問や質問に逐一答えてくれた。マリオという生涯の友を得たことは大きな喜びである。とはいえ本書の書名には最後まで反対したのだが。ウルビーノ大学教授で『レプッブリカ』紙のコラムニストでもあるイルヴォ・ディアマンティ氏はイタリアの政治に関する最新情報の提供者であるばかりか、私たち夫婦がイタリアに赴くたびに大勢の友人を交えたパーティをヴィチェンツァ郊外の自宅で開くのを恒例としてくれている。それは貴重なイタリア社会についての定点観測の場となっている。イルヴォにも心より感謝したい。ローマ大学名誉教授のシモーナ・コラリーツィ女史は、本書と重なる主題を扱った共著『ペーネロペーの織物——第二共和制の歴史』(ラテルツァ社、二〇一二年)をすでに上梓していた。しかしローマのカンポ・デイ・

フィオーリ広場の私邸を訪ねた折には、わざわざ彼女の研究仲間を集め本書の構想をめぐって議論する機会を設けてくれた。あらためて謝意を表したい。ローマの週刊誌『エスプレッソ』で教会問題担当記者を長年にわたって務め、定年退職後も同社のサイトからニュースレターを配信し続けている畏友サンドロ・マジステル氏にも公私にわたりお世話になってきたことに感謝したい。

最後に私事とはなるが、妻の万里には本書の原稿のすべてに目を通してもらった。ベルルスコーニのセックス・スキャンダルをめぐる終章では手厳しい批判を浴びたためにしばらく口を利かなくなったこともあった。それはともかく定年退職後の手習いとして好きなイタリア歌曲やオペラのアリアを歌うためにイタリア語を学ぶようになり、今ではイタリアの友人たちとイタリア語により家族ぐるみで会話ができるまでとなっている。私にとっては望外の幸せという他ない。私たちがともに古稀となる今年はプッチーニの『トスカ』のアリア「歌に生き恋に生き」に挑戦する。本書を最初の読者である万里に捧げたい。

二〇一八年一月二一日

村上信一郎

村上信一郎

1948年神戸に生まれる．神戸大学大学院法学研究科博士課程修了．博士(法学)．
現在一神戸市外国語大学名誉教授
著書一『権威と服従──カトリック政党とファシズム』(名古屋大学出版会)，『三つのデモクラシー』(共著，岩波書店)，『EUのなかの国民国家』(共著，早稲田大学出版部)，『日本社会党』(共著，日本経済評論社)，『幻影のローマ』(共著，青木書店)，『民主党政権は何をなすべきか』(共著，岩波書店)，『近代ヨーロッパとキリスト教』(共著，勁草書房)など
訳書一A.パーネビアンコ『政党──組織と権力』(ミネルヴァ書房)，S.コラリーツィ『イタリア20世紀史──熱狂と恐怖と希望の100年』(監訳，名古屋大学出版会)，M.カリーゼ『政党支配の終焉──カリスマなき指導者の時代』(法政大学出版局)など

ベルルスコーニの時代
──崩れゆくイタリア政治　　岩波新書(新赤版)1705

2018年2月20日　第1刷発行

著　者　村上信一郎(むらかみしんいちろう)

発行者　岡本　厚

発行所　株式会社　岩波書店
〒101-8002 東京都千代田区一ツ橋2-5-5
案内 03-5210-4000　営業部 03-5210-4111
http://www.iwanami.co.jp/

新書編集部 03-5210-4054
http://www.iwanamishinsho.com/

印刷・三陽社　カバー・半七印刷　製本・中永製本

ISBN 978-4-00-431705-0　　Printed in Japan

岩波新書新赤版一〇〇〇点に際して

ひとつの時代が終わったと言われて久しい。だが、その先にいかなる時代を展望するのか、私たちはその輪郭すら描きえていない。二〇世紀から持ち越した課題の多くは、未だ解決の緒を見つけることのできないままであり、二一世紀が新たに招きよせた問題も少なくない。グローバル資本主義の浸透、憎悪の連鎖、暴力の応酬――世界は混沌として深い不安の只中にある。

現代社会においては変化が常態となり、速さと新しさに絶対的な価値が与えられた。消費社会の深化と情報技術の革命は、種々の境界を無くし、人々の生活やコミュニケーションの様式を根底から変容させてきた。ライフスタイルは多様化し、一面では個人の生き方をそれぞれが選びとる時代が始まっている。同時に、新たな格差が生まれ、様々な次元での亀裂や分断が深まっている。社会や歴史に対する意識が揺らぎ、普遍的な理念に対する根本的な懐疑や、現実を変えることへの無力感がひそかに根を張りつつある。そして生きることに誰もが困難を覚える時代が到来している。

しかし、日常生活のそれぞれの場で、自由と民主主義を獲得し実践することを通じて、私たち自身がそうした閉塞を乗り超え、希望の時代の幕開けを告げてゆくことは不可能ではあるまい。そのために、いま求められていること――それは、個と個の間で開かれた対話を積み重ねながら、人間らしく生きることの条件について一人ひとりが粘り強く思考することではないか。その営みの糧となるものが、教養に外ならないと私たちは考える。歴史とは何か、よく生きるとはいかなることか、世界そして人間はどこへ向かうべきなのか――こうした根源的な問いとの格闘が、文化と知の厚みを作り出し、個人と社会を支える基盤としての教養となった。まさにそのような教養への道案内こそ、岩波新書が創刊以来、追求してきたことである。

岩波新書は、日中戦争下の一九三八年一一月に赤版として創刊された。創刊の辞は、道義の精神に則らない日本の行動を憂慮し、批判的精神と良心的行動の欠如を戒めつつ、現代人の現代的教養を刊行の目的とする、と謳っている。以後、青版、黄版、新赤版と装いを改めながら、合計二五〇〇点余りを世に問うてきた。そして、いままた新赤版が一〇〇〇点を迎えたのを機に、人間の理性と良心への信頼を再確認し、それに裏打ちされた文化を培っていく決意を込めて、新しい装丁のもとに再出発したいと思う。一冊一冊から吹き出す新風が一人でも多くの読者の許に届くこと、そして希望ある時代への想像力を豊かにかき立てることを切に願う。

（二〇〇六年四月）